高职高专"十三五"规划教材

列车乘务实务

薛瑞菊　主　编
王　萍　副主编

化学工业出版社

·北京·

《列车乘务实务》共分七个模块，主要内容包括概述、铁路票务工作、铁路客运服务、列车服务礼仪、安全运输及事故处理、行包运输、列车长工作。每个模块突出对列车乘务员工作岗位中的典型任务的设计，能够为学生理论与实际相结合地学习专业技能提供很大的帮助，体现了教学做合一的指导思想。书中包含许多铁路客运真实的小故事，且附有知识链接，既丰富了教材内容，又增强了趣味性。该教材语言简洁，通俗易懂。

　　《列车乘务实务》可作为高职高专、中等职业教育铁路乘务及相关专业的教学用书，也可供从事铁路乘务工作的相关人员学习和参考。

图书在版编目（CIP）数据

列车乘务实务/薛瑞菊主编 . —北京：化学工业出版
社，2016.8 （2021.3重印）
高职高专"十三五"规划教材
ISBN 978-7-122-27224-9

Ⅰ.①列… Ⅱ.①薛… Ⅲ.①铁路运输-旅客运输-
乘务人员-高等职业教育-教材 Ⅳ.①U293.3

中国版本图书馆 CIP 数据核字（2016）第 124139 号

责任编辑：旷英姿　王　可　　　　　　　　装帧设计：王晓宇
责任校对：王　静

出版发行：化学工业出版社（北京市东城区青年湖南街 13 号　邮政编码 100011）
印　　装：三河市延风印装有限公司
787mm×1092mm　1/16　印张 8　字数 165 千字　2021 年 3 月北京第 1 版第 4 次印刷

购书咨询：010-64518888　　　　　　　售后服务：010-64518899
网　　址：http://www.cip.com.cn

《列车乘务实务》编写委员会

主　任　赵芳亮

副主任　姜仁波　李　珊

委　员　史新华　马新民　杨淑英　邵　婷　孙奎元
　　　　高丽娜

主　编　薛瑞菊

副主编　王　萍

编　委　(按姓名笔画排列)

　　　　王　丹　王　萍　王淑珍　史爱秋　薛瑞菊

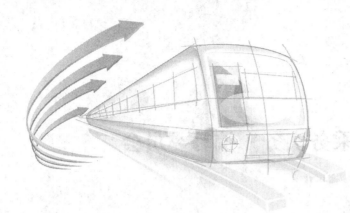

前 言
Foreword

　　随着近几年我国铁路旅客运输量逐年攀升，旅客对客运服务质量的要求也不断提高。为满足铁路运输业日益增长的发展要求、有针对性地培养高素质铁路客运服务人员，我们对铁路客运发展情况以及人才需求进行了调研，通过学习现行铁路客运服务新内容、新形式和新标准，本着立足当前、着眼长远、瞄准前沿、务求实用的原则，从满足铁路客运对人才核心素养的需要出发，编写了该教材。

　　本教材在编写过程中，坚持"以职业岗位为课程目标，以职业标准为课程内容，以职业能力为课程核心"的课程建设要求，注重理论与实践相结合，将铁路运输技术的发展和管理制度及方法的更新纳入到教材之中，贴近时代、贴近学生、贴近实际。本教材根据铁路旅客运输规程和列车乘务员国家职业标准与作业标准，以列车乘务员岗位"工作过程为导向"进行编写。本书共分七个模块，在大量调研的基础上，在每个模块突出了对列车乘务员工作岗位中的典型任务的设计，能够为学生理论与实际相结合地学习专业技能提供很大的帮助，体现了教学做合一的指导思想。教材中介绍了铁路客运真实的小故事，且附有知识链接，既丰富了教材内容，又增强了趣味性。本书语言简洁，通俗易懂。通过学习，学生不仅能够了解铁路旅客运输业务的基本知识，而且能够掌握铁路旅客运输的相关技巧，为实际工作打下良好的基础。为方便教学，本书还配有教学电子课件。

　　本书由青岛城市管理职业学校薛瑞菊担任主编，青岛城市管理职业学校王萍担任副主编，青岛城市管理职业学校王淑珍、王丹、史爱秋参与编写，济南铁路局青岛客运段姜仁波担任主审。具体编写分工如下：王萍编写第一模块和第七模块，王淑珍编写第二模块和第六模块，王丹编写第三模块，史爱秋编写第四模块，薛瑞菊编写第五模块。本教材在编写过程中得到了济南铁路局青岛客运段和青岛城市管理职业学校领导的指导和大力支持，特此表示感谢！同时希望广大读者不吝赐教，以使教材能更完善、更能满足实际需要。

编　者

2016 年 3 月

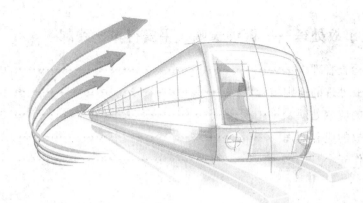

目 录
Contents

第一模块

Chapter 1

概　述
——列车伴您行

学习目标

通过本章学习，要求学习者了解列车运输工作的意义，开阔自己的专业视野；熟悉旅客列车的编组管理；理解与掌握旅客列车的分类、铁路的路风知识等，从而提高自己的专业内涵。

【引言】铁路是我国国民经济的大动脉，其主要任务是运输旅客和货物，为工农业生产、人民生活服务。旅客运输是整个铁路运输的重要组成部分，随着国民经济的发展、人民生活水平的不断提高、国际往来的日益频繁，铁路客运需求量逐年增长。它对于促进国际和国内各地区的文化交流、密切城乡关系、改善人民生活起着越来越重要的作用。铁路旅客列车是我国完成旅客运输的重要运输运载工具，通过列车乘务组一系列的服务，将旅客安全、迅速、准确地送到目的地，从而实现"人民铁路为人民"的服务宗旨。

第一节　客运乘务工作的意义

你知道吗？

1. 谁发明了世界上的第一列火车？

2. 新中国第一台火车头是由哪个机车厂生产的？

3. 趣味盎然的铁路知识：你读过《火车司机什么时候上厕所？》这本书吗？ 有什么感悟？

4. 趣味科学知识：看火车窗外的景色，为什么近处的比远处的动得快？

　　铁路旅客运输生产，既有组织管理工作，也有客运服务工作。前者包括编制旅客运输计划、铺画铁路运行图、开行旅客列车、制定客运规章以及具体组织旅客乘车等，后者包括旅客从购买车票、托运行李包裹、问询、小件寄存、候车，到乘车旅行、饮食、旅途文化生活，都离不开客运基层生产单位——车站和列车的服务工作。

　　全国铁路有四千多个客运营业站，每天开行两千多对旅客列车，有几十万客运职工日夜奋战在工作岗位上。旅客旅行生活的大部分时间是在列车上度过的，从迎接旅客上车、安排坐席、吃饭用水到安全下车出站，从一般接待到照顾重点旅客，都撒满了旅客列车乘务工作人员辛勤劳动的汗水，他们的工作是平凡的，但又是伟大的。

　　旅客列车乘务工作的主要任务是输送旅客和行李、包裹。列车乘务员（图 1-1）整天和旅客打交道，不仅要倒水、拖地、送饭，还要帮助旅客解决旅途中遇到的各种困难，更重要的是要通过自己的劳动和热情服务，使车厢成为一个温暖的大家庭。

图 1-1　列车乘务员

　　对国内旅客要一视同仁，做到热情周到、勤勤恳恳，体现铁路客运职工的素质和风采；对回国观光探亲访友的海外侨胞、港澳台同胞，要处处体现祖国的温暖和进步，激发他们对伟大祖国的热爱之情；对国际友好人士，要体现我国的文明礼貌，增进与各国人民之间的友谊。乘务人员要树立全心全意为人民服务的思想，想旅客之所想、急旅客之所急、帮旅客之所需，主动热情、态度和蔼、礼貌周到地为旅客服务。同时，旅客列车流动分散、客流多变、远离领导、设备条件等多方面的限制给运输组织和客运服务带来诸多困难，这就要求建立严密的列车乘务组织，制定完善的乘务工作制度，有一套规范乘务人员工作行为的作业标准，尽可能为旅客提供各种优良服务，让旅客放心、满意。

　　客运工作具体包括以下内容。

　　（1）使车内经常保持整齐清洁，设备好用，温度适宜，照明充足。

　　（2）对老、弱、病、残、孕等重点旅客，通过访问做到心中有数，主动迎送，重点照顾。

　　（3）通告站名，照顾旅客上下车，及时妥善地安排旅客坐席、铺位。

　　（4）维护车内秩序，保证安全、准点。

　　（5）搞好列车饮食供应。

课外小知识

柬埔寨的露天小火车

在柬埔寨首都金边与马德望省的一个小镇之间有一种民间自制的露天小火车(图 1-2)在运行，它们由两对车轮、一块竹制的载人木板、一台普通的发动机组成(图 1-3)。 它们可以在 20min 内搭建完成，颇受当地民众和游客的欢迎。

图 1-2 露天小火车(1)

图 1-3 露天小火车(2)

第二节 旅客列车分类及编组

你知道吗？

1. 中国旅客列车分为哪几类？
2. 字母"Z"、"T"、"K"、"D"分别指的是哪类旅客列车？
3. 列车乘务组一般由哪些人员组成？

近些年来，随着社会对铁路运力需求的不断增长，新开行的旅客列车不断增加，原有的旅客列车分类和列车车次已无法满足需要。为了适应不断增长的需要，从 2000 年开始，新的旅客列车时刻表将旅客列车分为三个等级，即特快旅客列车、快速旅客列车和普通旅客列车。

按照《铁路技术管理规程》规定，列车是指编成的车列，并挂有机车和规定的列车标志。旅客列车指以客车（包括代用客车）编组的，运送旅客、行李、包裹、邮件的列车。

一、旅客列车的种类

根据其运行距离远近和运行速度，旅客列车可分为动车组列车（D字头）、高速动车组旅客列车（G 字头）、直达特快旅客列车（Z 字头）、特快旅客列车（T 字头）、快速旅客列车（K 字头）、普通旅客列车、临时旅客列车（L 字头）、临时旅游列车（Y 字头），通勤列车不属于旅客列车。

1. 动车组列车（D）

为了适应铁路高速化发展的要求，我国铁路自 2007 年 4 月 18 日提速后开始开行动车组列车（图 1-4），到 2011 年 6 月京沪高速铁路开通运营，每日开行的动车组列车达到 1400 多列。动车组列车就是把带动力的动力车与非动力车按照预定的参数组合在一起，因此可以概括地讲，动车组是自带动力的、固定编组的、能够两端同时驾驶的、配备现代化服务设施的旅客列车的单元。带动力的车辆叫动车，不带动力的车辆叫拖车组，列车开行最高速度达到 200km/h 至 250km/h。

图 1-4　动车组旅客列车

图 1-5　高速动车组旅客列车

2. 高速动车组旅客列车（G）

高速动车组旅客列车（图 1-5）指运行于时速 250km 及以上客运专线上的动车组列车，列车开行最高速度达到 250km/h 至 350km/h。

3. 直达特快旅客列车（Z）

指列车由始发站发出后，沿途不设停点，直达列车终点站的超特快旅客列车，也称为"点对点"列车。这类列车均采用"夕发朝至"运行方式。目前每日开行对数仅 20 多对。

直达特快旅客列车（图 1-6）的车次前冠以"Z"符号，列车运行速度一般保持在 160km/h。全列采用密接式车钩、集便式装置，使旅客乘车更为快捷、舒适。

4. 特快旅客列车（T）

特快旅客列车（图 1-7）是目前我国铁路运营线上速度较快的旅客列车，区间运行速度为 140km/h（个别区段列车运行速度达到 200km/h，如广深线的"新时速"列车）。特快旅客列车装备质量优良、服务水平较高、乘车环境舒适，主要在首都与各大城市及国际间开行，其车次前冠以"T"符号。这类列车的车底一般都是 25K 型、25T 型车底，也有部分特快列车采用 25Z、S25K、S25B、S25Z 等车底，全部都是新型空调车。

图 1-6　直达特快旅客列车　　　　　　　　图 1-7　特快旅客列车

5. 快速旅客列车（K）

快速旅客列车的运行速度次于特快旅客列车，一般区间运行速度为 120km/h。列车设备良好，运行在大、中城市之间，经停地级行政中心或重要的县级行政中心，其车次前冠以"K"符号。这类列车的车底一般是 25G、25K 型新型空调车，还有大约 10% 的列车车底是 22 型和 25B 普通客车。

6. 普通旅客列车

普通旅客列车（图 1-8）属于经济型的旅客列车，它停车次数较多，速度较慢，运行速度一般在 120km/h 以下，车次为 4 位阿拉伯数字，分为普通旅客快车和普通旅客慢车两类：快车停靠县级市和大部分县级中、大站点，此类列车大约 40% 为空调列车；慢车基本上"站站停"，这类列车的车底主要是 22 型普通客车，开行数量很少，一般为短途多站列车。

7. 临时旅客列车（L）

指根据市场需求在春运、暑运、国庆长假等客流高峰期临时增开的旅客列车，一般停靠县级市和大部分县级中、大站点。该类列车采用备用客车编组，一般没有空调，其车次前冠以"L"符号。

8. 临时旅游列车（Y）

一般是在节假日和暑期根据旅游客流的需求而临时开行的旅游列车（图 1-9），在名胜古迹、游览胜地所在站和大、中城市之间开行。旅游列车的速度、服务和设备较好，要求使用新型空调车，其车次前冠以"Y"符号。

9. 通勤列车

通勤列车大部分为中国铁路内部用于铁路职工上下班往返于居住地和工作地的列车。部分通勤列车考虑到城市及沿线居民出行的需要，会在沿线全部或部分站点办理简易的客运或乘降业务，并采取较为简易的售票方式进行售票。该类列车车次也为 4 位阿拉伯数字，如 8311/2 次为武昌环线通勤。

图 1-8 普通列车

图 1-9 旅游列车

二、旅客列车的车次

　　全国每天有几千对不同种类和性质的旅客列车运行在铁路线路上，为了便于旅客识别各种旅客列车的运行方向、种类、性质，同时考虑到铁路行车部门对旅客列车运行组织和管理的需要，铁路部门按有关规定编定了列车车次。所以，车次是列车的简明代码，它能表示列车的种类——客运列车还是货物列车、列车的等级——快车还是慢车、列车的方向——上行还是下行。在我国以首都北京为中心，凡是开往北京方向的列车为上行列车，支线向干线方向也指定为上行方向，车次编为双数；反之为下行方向，车次编为单数。铁路局管内个别区段允许与规定方向不符。旅客列车车次一般是带字母和不带字母的 4 位以内数字，行包专列为字母"X"开头的 3 位以内数字，货物列车为 5 位数字。

> **想一想?**
>
> 　　旅客列车车次主要有哪些分类？你能结合生活实际举出几个不同含义的车次吗？

三、旅客列车的编组

1. 旅客列车的编组要求

　　（1）旅客列车应按旅客列车编组表编组，机后第一位须编挂一辆未搭乘旅客的车辆作为隔离车。行李车、邮政车、发电车等非乘坐旅客的车辆应分别挂于机车后第一位和列车尾部，起隔离作用。但遇有下列情况之一时，可不挂隔离车运行。

　　① 旅客列车运行在装有集中连锁区段，并设有列车运行监控记录装置或列车超速防护系统。

　　② 局管内旅客列车经铁路局局长批准。

③ 旅客列车的隔离车在途中发生故障而摘下时。

（2）旅客列车最后一辆的后端，应设有列车制动主管压力表、紧急制动阀和运转车长乘务室。

（3）旅客列车由列车乘务组担当服务。列车乘务组一般由机车乘务人员、客运乘务人员、车辆乘务人员、公安乘警、运转车长组成。混合列车是否派客运乘务组和运转车长，由铁路局根据区段运行情况来确定。

（4）动车组列车一般以固定型小编组、密集式运行。

2. 旅客列车的编挂限制

（1）特快旅客列车不准编挂货车；编入的客车车辆其最高运行速度必须符合该列车规定的速度要求。

其他旅客列车原则上不准编挂货车。特殊情况下，局管内列车经铁路局准许、跨局旅客列车经铁道部准许，方可在列车后部加挂货车，但不得超过两辆。加挂货车的技术状态和最高运行速度须符合该列车的规定速度要求。

旅客列车中乘坐旅客的车辆、与机车、货车相连接的客车端门及编挂在列车尾部的客车后端门必须加锁。

（2）直达特快、特快列车禁止附挂回送列车；其他旅客列车遇特殊情况需附挂跨铁路局的回送机车时，按铁道部命令办理。

（3）旅客列车不准编挂关门车。列车在运行途中如遇自动制动机临时故障，在停车时间内不能修复时，允许关闭一辆，但列车最后一辆不得为关门车。

（4）下列车辆禁止编入旅客列车。

① 超过定期检修期限的车辆（经车辆部门鉴定送厂、段施修的客车除外）；

② 装载危险、恶臭货物的车辆；

③ 未安装客车轴温报警装置的客车。

第三节　铁路路风问题

你知道吗?

1. 铁路的路风指的是什么？

2. "路风问题"包括什么？

旅客列车为完成旅客及其行李、包裹的运送任务而由旅客列车乘务人员组成专门服务组织。中国旅客列车乘务组一般由列车长、列车乘务员、列车行李员、广播员、餐茶供应人员（餐车主任、厨师、服务员、供水员、售货员）、检车员、车电员和乘警等组成。

一、路风的定义

路风系指铁路的行业风气，是铁路的性质、宗旨和经营方向在运输企业和职工中的综合表现。路风工作是铁路精神文明建设、党风廉政建设和企业经营管理的组成部分。加强路风工作，对于提高职工队伍素质，提升运输服务质量，促进铁路发展，推进和谐铁路建设，具有重要作用。

二、路风问题分类

路风问题系指铁路单位和从业人员凭借职务或工作便利条件营私谋利，或违背职业道德、服务质量低劣，给旅客货主造成经济损失或精神、身体伤害，在路内外造成不良影响和后果的行为。主要包括以车谋私、以票谋私、乱收费乱加价、勒卡索要、粗暴待客、违规经营、违规贩运等七类。

1. 以车谋私

指凭借职权或通过关系，以车皮、集装箱等运输条件谋取私利的行为。

（1）在受理运输计划、审批承认车、安排货位、安排装车、配车配箱、装卸作业、变更装卸地点、变更到站、取送车作业等运输环节中谋取私利。

（2）将车皮、集装箱计划切块给路内外单位或个人，从中谋取私利。

（3）违反运输纪律，采取无票运输、换票运输、伪报品名、少报重量等手段侵犯运输收入，从中谋取私利。

（4）违反规定下浮运价，从中谋取私利。

2. 以票谋私

指凭借职务或工作之便，利用车票谋取私利的行为。

（1）违反售票纪律，利用批团体票、机动票、合同订票或切块、囤票等不正当手段为他人提供车票从中谋取私利。

（2）利用职务或工作之便，内外勾结倒卖车票。

（3）列车工作人员为旅客代办车票收取好处费，或收钱不补票，收长途钱补短途票，侵吞票款；为旅行团体代办车票提供方便，获取好处或不正当利益。

（4）私带无票人员、行包和货物，安排越席及其他不符合乘车条件人员。

（5）内外勾结霸座卖座、接送无票人员进出站上下车、装运超过票记重量、件数的行包货物从中谋取私利。

3. 乱收费乱加价

（1）违反国家、铁道部规定的运、杂费收费项目和标准，收取或变相收取不合理费用。

（2）在运输代理和客货延伸服务中，只收费不服务，多收费少服务，擅自设立收费项目、提高收费标准，或不提供合法票据。

（3）车站或票务管理部门不送票收取送票费，将车票票额切块给宾馆、饭店、旅行社等加价收费，自办售票点超标准收费，车站售票窗口或计划室搭收其他费用。

（4）车站或票务管理部门从客票代理销售点的乱收费乱加价中分成。

4. 勒卡索要

凭借职务或工作之便，采取刁难、要挟或威胁等手段，敲诈勒索旅客货主。

5. 粗暴待客

（1）对旅客货主语言污秽，行为粗鲁。

（2）有意设置障碍，刁难旅客货主。

（3）殴打旅客货主或限制旅客货主人身自由。

（4）严重侵害旅客货主人身权利构成违法犯罪的行为。

6. 违规经营

（1）以不批计划、不配空车、拖延办理等手段，强制货主办理延伸服务或运输代理。

（2）铁路多经、集经企业或与之联营的单位强制办理运输代理、延伸服务业务。

（3）铁路货运业务与延伸服务或运输代理业务合并办理，以及代收延伸服务或运输代理费用。

（4）站车强卖、搭售商品，或出售假冒伪劣商品。

（5）列车餐车开办茶座、夜宵，违规收费，变相卖座。

（6）以提前进站、提供车票等手段误导旅客进茶座、休息厅等场所收取费用，或在代办转乘车船、住宿、旅游等业务中违背承诺，欺诈旅客。

7. 违规贩运

凭借职务或工作之便，利用列车搞营利性捎买带或携带禁运、限运物品。

三、路风问题的定性

路风问题分为重大路风事件、严重路风事件、一般路风事件和路风不良反映。

（1）凡构成下列路风问题之一的，定为重大路风事件。

① 以车谋私金额（含实物折算价值，下同）5000 元以上，以票谋私金额 3000 元以上。

② 乱收费、乱加价金额（从行为发生之日起累计计算，下同）客运在 100000 元以上；货运在 500000 元以上。

③ 私带无票人员、行包、货物，安排越席及其他不符合乘车条件人员，按已乘（运）区间票价（运价）计算，同时收取好处费的合并计算，金额在 3000 元以上。

④ 殴打旅客货主造成重伤、死亡，或侵害旅客货主人身权利情节特别严重。

⑤ 敲诈勒索旅客货主情节特别严重。

⑥ 贩运物品一次价值在 10000 元以上，或情节特别严重。

⑦ 其他造成特别恶劣影响，使路风路誉遭受严重损害的行为。

（2）凡构成下列路风问题之一的，定为严重路风事件。

① 以车谋私金额 2000 元以上不足 5000 元，以票谋私金额 1500 元以上不足 3000 元。

② 乱收费、乱加价金额，客运在 50000 元以上不足 100000 元；货运在 200000 元以上不足 500000 元。

③ 私带无票人员、行包、货物，安排越席及其他不符合乘车条件人员，按已乘（运）区间票价（运价）计算，同时收取好处费的合并计算，金额在 1500 元以上不足 3000 元。

④ 殴打旅客货主造成轻伤，或侵害旅客货主人身权利情节严重。

⑤ 敲诈勒索旅客货主情节严重。

⑥ 贩运物品一次价值在 5000 元以上不足 10000 元，或情节严重。

⑦ 违规经营造成恶劣影响。

⑧ 其他造成恶劣影响，使路风路誉遭受很大损害的行为。

（3）凡构成下列路风问题之一的，定为一般路风事件。

① 以车谋私金额 1000 元以上不足 2000 元，以票谋私金额 500 元以上不足 1500 元。

② 乱收费、乱加价金额，客运在 30000 元以上不足 50000 元；货运在 50000 元以上不足 200000 元。

③ 私带无票人员、行包、货物，安排越席及其他不符合乘车条件人员，按已乘（运）区间票价（运价）计算，同时收取好处费的合并计算，金额在 500 元以上不足 1500 元。

④ 殴打旅客货主造成轻微伤，或侵害旅客货主人身权利情节严重。

⑤ 敲诈勒索旅客货主情节轻微。

⑥ 贩运物品一次价值在 3000 元以上不足 5000 元，或情节较重。

⑦ 违规经营造成很坏影响。

⑧ 其他造成很坏影响，使路风路誉遭受较大损害的行为。

未构成路风事件的路风问题，定为路风不良反映。

课外阅读

青春的印记——来自列车乘务员春运日记

春运对于很多人来说，已经成为一个特有的名词，充满了浓浓的"中国味"。乡愁是一张小小的车票，寄托了离乡游子归家的期盼。春运对于归家旅客来说，是一次心灵的归途；春运对于铁路职工来说，是一次勇登高峰的挑战；春运对于刚毕业新入路的我来说，是人生中经历的第一次春运。

　　我怀着激动喜悦的心情，参加到春运的洪流中，实现了一次角色的转换。 去年的我作为春运中的学生客流，今年的我作为春运中的服务者。 角色的转换，需要我努力学习业务知识，增强服务意识，提高自身素质。 旅客的满意，是我们不断追求的目标。 春运工作十分艰巨，需要我们时刻绷紧安全这根弦，确保旅客平安到达目的地。 列车驶过的每个地方，留下的是所有铁路工作者青春的印记，美丽的沿途风景记载了铁路工作者辛勤的汗水与收获的硕果。 旅客的满意，是我们不断追求的目标。 春运工作十分艰巨，需要我们时刻绷紧安全这根弦，确保旅客平安到达目的地。

　　列车驶过的每个地方，留下的是所有铁路工作者青春的印记，美丽的沿途风景记载了铁路工作者辛勤的汗水与收获的硕果。

第二模块

铁路票务工作
——真情服务　微笑传递

Chapter 2

🔖 学习目标

　　通过本模块的学习，要求学习者了解旅客车票的发展历史，开阔自己的专业视野；熟悉车票包含的内容和意义；理解与掌握旅客车票的分类、改签和旅客携带品的相关规定。从而提高自己的专业内涵和服务意识。

　　【引言】旅客运输是铁路运输的重要组成部分，要从方便旅客出发，全面安排，按照长短途列车分工、换乘优先、保证重点的原则，合理、经济地使用运输能力，均衡地组织运输。要本着旅客至上的原则，坚持人民铁路为人民的服务宗旨，周到热情地为旅客服务。

第一节　火车票的发展

你知道吗？

　　1. 目前火车票的购买有哪几种方式？

　　2. 火车票的不同颜色代表什么含义？

　　3. 火车票票面上包括哪些内容，隐含了哪些信息？

　　4. 火车票的实名制从哪一年实施的？

　　火车票（railway ticket），是搭乘火车证明已经缴费的票据。火车票中包括客票和附加票两部分。客票部分为软座、硬座。附加票部分为加快票、卧铺票、空调票。

一、火车票的发展历史

1830年9月15日开始运营的利物浦—曼彻斯特铁路，已经定期开行旅客列车。第一张火车票就诞生在1830年9月17日，即利物浦—曼彻斯特铁路正式运送旅客之时。这张火车票长88mm、宽60mm，车票上只印有站名，而发车时刻、乘车日期及发行者签名均由售票者书写。与此同时还发行了开业纪念的特别站台票。从此以后，陆续开业的铁路纷纷效法利物浦—曼彻斯特铁路，发行了大小各异的种种车票。虽然有的车票上除印有站名外还印上了公司的名称或乘车等级，但发车时刻、乘车日期及其他必要事项仍由售票者填写。此外，各铁路公司对自己的董事则发行了用象牙或金银制作的终身免票，以显示他们的特权。

随着铁路的优越性日益显著，乘坐火车的旅客越来越多，靠售票者逐张填写车票的办法显然落后了。于是，世界著名的"埃多蒙桑"式车票——即卡片式车票便应运而生，这种用厚卡纸印制的车票尺寸为2英寸×1英寸（57mm×30mm）。由于埃多蒙桑式车票简便易行，很快被英国各铁路公司所采用。1841年法国的巴黎—里昂铁路开业亦采用了埃多蒙桑式车票。以后，这种卡片式车票风靡世界，并逐渐演变为今日的标准型车票。

埃多蒙桑式车票并未涉及颜色，后来英国四大私有铁路达成协议，规定：一等车票为黄色或白色，二等车票为绿色或蓝色，三等车票为褐色、赤褐色或绿色，犬用车票为红色，其他车票则使用橙色。这项协议后来又纳入了欧洲国际铁路联盟关于国际车票的规程。

中国铁路的标准客票也是卡片式客票，只不过尺寸为57mm×25mm，可以节约用纸。票面底纹的颜色分别规定为：软座客票为浅蓝色，硬座客票为浅红色，市郊客票为浅紫色，简易车客票为浅绿色，棚车客票为橙黄色等。

从第一张火车票的诞生到今天已有180多年，埃多蒙桑式车票一直占据统治地位，经久不衰。20世纪80年代，深圳火车站率先使用计算机售票，车票也改为软纸式。1997年，铁道部确定了计算机车票的统一式样，这种电子火车票不是事先印制好的，而是在售票时使用非击打式打印技术的热转出票机现场打印的。目前，凡是实行计算机联网售票的车站都使用这种车票（图2-1）。

二、火车票的首字母含义

车票的首字母具体地说是铁路列车车次的一种等级编号。

L、A——临时旅客列车；

C——城际列车；

D——动车组列车；

Z——直达特快列车；

T——特快列车；

K——快速列车；

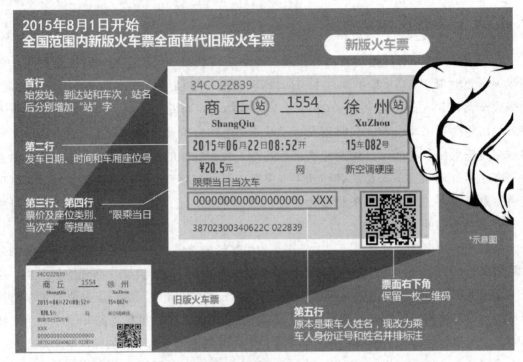

图 2-1　标准客票

N——管内快速列车（和 K 一个意思，普通乘客不用特意区别）；

Y——旅游列车；

没有字母的四位车次——普通列车。

课外阅读

车票字母的含义

（1）Z 开头的列车　直达特别快速旅客列车，简称直特，字母 Z 是"直"字的汉语拼音简写。这样的列车在行程中一站不停或者经停必须站但不办理客运业务，这类列车的车底都是 25T，全部都是空调列车。所有的直特列车都是跨局（不是在一个铁路局内）运营列车。这类列车是从 2004 年 4 月 18 日铁路第 5 次提速后才出现的，以前铁路虽然也有过直特列车，但都混编在特快列车车次里。

（2）T 开头的列车　特别快速旅客列车，简称特快，字母 T 是"特"字汉语拼音的简写。这样的列车在行程中一般只经停省会城市或当地的大型城市。这类列车的车底一般都是 25K（蓝皮车），因为 25K 的停产，所以新开行或改换车底的特快列车开始采用 25T 车底，也有部分特快列车采用 25Z、25KS、25BS、25Z 等车底，全部都是空调列车。T 系列的特快列车车次在 300 以前的是跨局运营列车，300 以后的是管内（只在一个铁路局内）运营的列车。

（3）K开头的列车 快速旅客列车，简称快速，字母K是"快"字汉语拼音的简写。这样的列车在行程中一般只经停地级行政中心或重要的县级行政中心。这类列车的车底一般是25G（红皮车）、25B改的空调车，也是红皮的。还有少部分是22型和25B型绿皮车，基本都是空调列车。2004年4月18日铁路第5次提速之前K系列车次包括跨局运营和管内运营的快速列车，以后由于K系列车次的增加，将跨局快速列车和管内快速列车分开，所以现在K系列的列车都是跨局运营的列车。

（4）N开头的列车 管内快速旅客列车，简称管内快速，字母N是"内"字汉语拼音的简写。这样的列车一般经停一些重要车站。这类列车的车底有25G、25B（红皮绿皮的都有）、22型绿皮车，空调列车较多。这类列车出现在2004年4月18日第5次提速之后，只在铁路局内部运营。车次是按铁路局编制的，1~100是哈尔滨铁路局，101~200是沈阳铁路局，201~300是北京铁路局，301~350是呼和浩特铁路局，351~400是郑州铁路局，401~500是济南铁路局，501~600是上海铁路局，601~650是南昌铁路局，651~800是广州铁路公司，801~850是柳州铁路局，851~900是成都铁路局，901~940是兰州铁路局，941~980是乌鲁木齐铁路局，981~998是昆明铁路局。

（5）1开头的四位数车次列车 跨三个或以上铁路局的直通普通快速旅客列车，简称普快或直快。这样的列车一般经停一些主要车站。这类列车车底和N系列的比较相似，空调列车较多。这类列车运营距离一般都很长，而经停车站较多，所以速度一般不会太快，而且乘车的人一般都较多。短途旅行的旅客不建议乘坐此类列车。

（6）2开头的四位数车次列车 跨两个铁路局的直通普通快速旅客列车，简称普快或直快。这样的列车和1开头的四位数车次列车经停车站和车底配置差不多，但空调列车的数量明显减少。这类列车运营的距离一般属于中等，经停的车站也较多，速度一般也不会太快。属于面向中途旅行的普快列车。

（7）3开头的四位数车次列车 到目前为止还没有。

（8）4和5开头的四位数车次列车 管内普通快速列车，简称普快，曾经简称快客，但这个简称现在已经不用了。这样的列车经停一些主要车站，同时也经停一些小型车站。这类列车的车底主要是22型和25B型绿皮车，少有25G和25B的红皮空调车，而空调车多是一些长途列车套跑的。这类列车运营的里程一般不长，一般属于短途列车。车次和N系列一样，也是按照铁路局编制的，4001~4200是哈尔滨铁路局，4201~4400是沈阳铁路局，4401~4600是北京铁路局，4601~4700是呼和浩特铁路局，4701~4900是郑州铁路局，4901~5000是济南铁路局，5001~5200是上海铁路局，5201~5300是南昌铁路局，5301~5500是广州铁路公司，5501~5600是柳州铁路局，5601~5700是成都铁路局，5701~5800是呼和浩特铁路局，5801~5900是乌鲁木齐铁路局，5901~5998是昆明铁路局。

（9）6/7/8/9开头的四位数车次列车 普通旅客列车，简称普客，曾经有直通（跨铁路局运营）的普客列车，但是现在已经没有了。这样的列车一般经停所有能停的车站，部分普客列车虽然站距较远，但是也明显多于普快列车。这类列车的车底主要是22型绿皮车，其他车底均少见，根本没有空调车。这类列车运营里程一般不长，一般属于短途多站的列车。因为这类列车的经停车站很密，所以大多都作为通勤来用，少有旅行的朋友乘坐此类列车。

（10）L开头的列车　临时旅客列车，简称临客，字母L是"临"字汉语拼音的简写。这类列车只在需要的时候才运营，车种也比较杂。L系列中有少部分列车相当于快速，大多的相当于普快，也有的相当于普客。车底编制也比较杂乱，L系列列车一般没有自己专用的车底，通常是随便拉来些车底就编组。但是也有的临客是为了近日"转正"而设置的，这样的临客通常编组比较正规，有专用车底。L系列列车在《全国铁路旅客列车时刻表》上是查不到的，所以又称为"不上表列车"。

第二节　车票的作用和种类

一、车票的作用和分类

1. 作用

车票是旅客乘车的凭证，是旅客和铁路缔结运输合同、发生运输关系的依据，也是旅客支付票价和办理旅客意外伤害强制保险的依据。铁路旅客运输合同的基本凭证是车票。

2. 种类

火车票中包括客票和附加票两部分。客票部分为软座、硬座。附加票部分为加快票、卧铺票、空调票。附加票是客票的补充部分，除儿童外，不能单独使用。

为了优待儿童、学生和伤残军警，中国铁路还发售半价票。

还有一种特殊的车票，称之为铁路乘车证和特种乘车证。包括：全国铁路通用乘车证；中央和各省、市、自治区机要部门使用的限乘指定位置的软席乘车证；邮政部门使用的限乘邮车及铁路指定位置的机要通信人员、押运员、视导员免费乘车证；口岸站的海关、边防军、银行使用的往返免费乘车证书面证明；我国铁路邀请的外国铁路代表团使用的中华人民共和国铁路免费乘车证；用于到外站装卸作业及抢险的调度命令；国务院铁路主管部门邀请的其他政府部门和新闻单位检查铁路工作时使用的"全国铁路免费乘车证"等。

二、火车票的发售规定

1. 儿童票

随同成人旅行符合身高限制（1.2～1.5m）的儿童，享受半价客票、加快票和空调票（以下简称儿童票）。身高超过 1.5m 时应买全价票。每一成人旅客可免费携带一名身高不足 1.2m 的儿童，超过一名时，超过的人数应买儿童票。儿童票的座别与成人车票相同，其到站不得远于成人车票的到站。

免费乘车及持儿童票乘车的儿童单独使用卧铺时，应当补收票价金额。

2. 学生票

在普通高等院校，军事院校，中、小学和中等职业院校就读，没有工资收入的学生、研究生，家庭居住地和学校又不在同一城市的，凭附有加盖院校公章的减价优待证（小学生凭书面证明），每年可享受 4 次家庭至院校（实习地点）之间的半价硬座客票、加快票和空调票（简称学生票）。新生凭录取通知书、毕业生凭学校书面证明可买一次学生票。学生票限于使用普通旅客列车硬座和动车组列车二等座，使用普通旅客列车硬卧时应当补收票价差额。

3. 加快票

旅客购买加快票必须有软座或硬座客票。发售加快票的到站，必须是所乘快车或特别快车的停车站。发售需要中转换车的加快票的中转站还必须是有同等级快车始发的车站。

4. 卧铺票

旅客购买加快票必须有软座或硬座客票，乘坐快车时还应有加快票。卧铺票的车站、座别必须与客票的到站、座别相同，中转换车时，卧铺票只发售到旅客换车站。

购买卧铺票的旅客在中途站上车时，应在买票时说明，售票员应在车票背面说明××站上车。乘坐其他列车在中途站上车时，应另行购买发站到中途站的车票。列车上补卧铺 5 元/人次，其他票种 2 元/人次，同时发生时按最高标准核收一次手续费。

5. 空调票

旅客乘坐提供空调的列车时，应购买相应等级的车票或空调票。旅客在全部旅途中分别乘坐空调车和普通车时，可发售全程普通硬座车票，对乘坐空调车区段另行核收空调车与普通车的票价差额。

6. 站台票

到站台上迎送旅客的人员应买站台票。站台票当日使用一次有效。对经常进站接旅客的单位，车站可根据需要发售定期站台票。未经车站同意无站台票进站时，加倍补收站台票款，遇特殊情况，站长可决定暂停发售站台票。

7. 团体票

20 人以上乘车日期、车次、到站、座别相同的旅客可作为团体旅客，承运人应优先安排，如填发代用票时除代用票持票本人外，每人另发一线团体旅客证。

8. 伤残军人半价票

中国人民解放军和中国人民武装警察部队因伤致残的军人（以下简称伤残军人）凭

"革命伤残军人证"享受半价的软座、硬座客票和附加票。"革命伤残军人证"的式样由中华人民共和国民政部颁布。现役伤残军人的"革命伤残军人证"由中国人民解放军总后勤部签发；退役伤残军人的"革命伤残军人证"由各省、自治区、直辖市民政部门签发。

三、火车票的有效期

客票的有效期按乘车里程计算：1000km 以内为 2 日，超过 1000km 时，每增加 1000km 增加 1 日，不足 1000km 的尾数也按 1 日计算。

卧铺票按指定的乘车日期和车次使用有效，其他附加票随同客票使用有效。

各种车票的有效期从指定乘车日起至有效期最后一日的 24 时止计算。

1. 改签

改签后的客票提前乘车时，有效期从实际乘车日起计算；改晚乘车时，按原指定乘车日起计算。改变乘车路线后的客票有效期按分歧站以后的里程重新计算。其他票种按票面规定的时间或要求使用有效。

2. 丢失车票的处理

旅客丢失车票应另行购票。在列车上应自丢失站起（不能判明从列车始发站起）补收票价，核收手续费。旅客补票后又找到原票时，列车长应编制客运记录交旅客，作为在到站出站前向到站要求退还后补票价的依据。退票核收退票费。

四、火车票的票面说明

目前可见的铁路售票系统为 5.0 版本，出售的票为粉红色软纸票和淡蓝色的磁卡票。

（1）以粉红纸票为例说明车票元素含义（图 2-2），请将图片与文字对比使用。

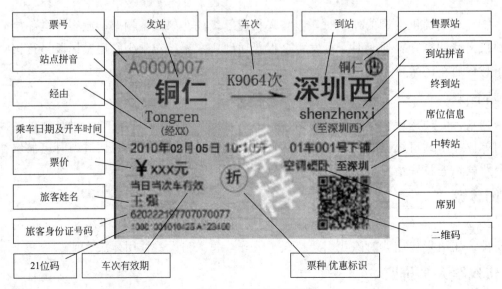

图 2-2　车票票面说明

课外阅读

列车临窗座位小规律

对于大部分绿皮车和空调列车：1号座位肯定靠窗，以"0""4""5""9"结尾的号数也靠窗。 列车长办公席所在的车厢以"3""4""8""9"结尾的号数靠窗。具体如下。

一般列车：

窗｜567｜过｜89｜窗

窗｜012｜道｜34｜窗

有列车长办公席的车厢排列如下。

窗｜901｜过｜23｜窗

窗｜456｜道｜78｜窗

对于一部分动车组列车：一等座号车厢，靠窗座位的号码均为"4的倍数"或者"4的倍数+1"。

二等座号车厢为：

窗｜45｜过｜678｜窗

窗｜90｜道｜123｜窗

动车组车型较多，情况均不一致。

因为车型较多较复杂，以上信息仅供参考。

知识链接

铁路客票编码说明

目前铁路客票的编码由 14 位数字和 45 位对应条形码的编码共计 59 位组成。 其中第 15 位为字母，或者说，条形码编码是以字母开头的。

（1）1~7 位 售票处编码，7 位数字，前 5 位为车站码，后 2 位为售票方式码，售票方式码编码范围为 00~99。

车站码使用扩展的 TMIS 车站码表示发售车站，对应的是票面右上角打印的发售站。对于直管售票处，第 1 位为路局码，第 2~5 位为 9900~9999。 系统中对应的参数名称为 UNIT_ID

售票方式码具体内容为：00~09 车站发售；10~19 预约预订；20~29 代售；30~39 自动售票；40~49 备用；90~98 管理；99 技术维护。

系统中对应的参数名称为 OFFICE_NO。

（2）8~10位　售票窗口码，3位数字，售票窗口码编码范围为001~255。售票窗口码具体内容为：1~200售票、退票、预约预订窗口；201~255管理窗口。对于售票方式码为20~29的，窗口号通常为代售出编号。

系统中对应的参数名称为WINDOW_NO。

（3）11~14位　财收结账日期，MMDD格式，4位数字。收入管理的计算日期通常在每天下午交班后改为第二天日期。也有部分铁路局错后一天。大体可以认为是购票时间。

（4）15~21位　除了I和O以外的大写英文字母+6位数字，计7位，票号编码范围为A000001~Z100000。

规定每一票卷由1000张票底卷成，票面左上方印有票号。由于部分铁路局还会在左上角的票号前面加印窗口号，票号部分应与客票左上角印刷的票号中字母开始的部分一致。

（5）56~59位　发站一到站间的运价里程，4位数字，不足1000km的前边补0。对于普通票，正常情况下，里程为扣除免费折返段的列车实际走行径路的里程，跨及两条线路时，里程计算到两条线路的联接点，而不是接算站。

对于直通票，正常情况下，里程为系统中基线表和一般站表记录的里程，由于存在人工干预，直通票中里程出错的机会相对多些。而直通票中未确定车次的部分跨及两条线路时，里程计算到两条线路的接算站。

（2）印刷切纸定位黑线和铁路旅客乘车须知如下。

铁路旅客乘车须知（图2-3）内容如下。

① 按照票面标明的日期、车次乘车，并在有效期内至到站。如不能按时乘车，须在开车前办理退票或一次改签手续。除旅客伤、病外，开车后不予退票。中途下车恢复旅行应办理签证。卧铺票和动车组列车车票中途下车前程失效。

② 乘车免费携带物品，成人20kg、儿童10kg，长、宽、高相加不超过160cm（动

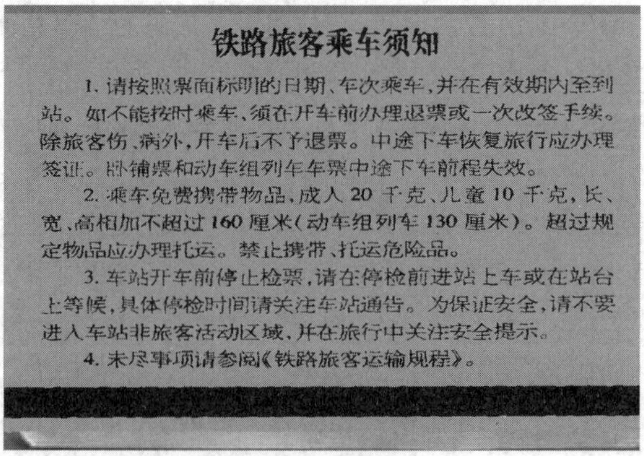

图2-3　乘车须知

车组列车 130cm）。超过规定物品应办理托运。禁止携带、托运危险品。

③ 车站开车前停止检票，请在停检前进站上车或在站台上等候，具体停检时间请关注车站通告。为保证安全，请不要进入车站非旅客活动区域，并在旅行中关注安全提示。

五、火车票的假票辨别

假火车票主要有两种：一种是"挖补"假票，将失效票的车站名、票价和日期等内容刮掉，贴上乘客所需要的车站名、票价和日期等内容，再用电熨斗熨平。另一种是"整版"假票，将一张真票扫描至电脑，通过高清晰度彩色打印机打印出来，仿真度极高。不过，"挖补"假票的票面在被挖补的过程中，总会被刮去一部分纸纤维，因此，在光照下都会略显发白而"原形毕露"。"整版"假票仿真度虽高，但也有不少纰漏。首先是厚薄不一，手感粗糙，和真票的手感平顺、光滑差别很大。其次，假票上"中国铁路"标志以及背面的水印都较模糊，且用手轻揉票面时，油墨可能沾在手上。

对于纸版式卡式车票，真票票面无光泽，质地柔韧、不易断裂，票的四周切割断面不光滑。反之，如是假票，则票面有光泽，票的四周断面光滑整齐，容易折断，底纹图案不甚清晰，浓淡不均。手工制作的假票票上打孔日期的孔洞大小、间距不规范。另外，还须察看车票上打孔日期与车票背面上的坐签上日期是否相符，票面上到达站、出发站、票价等字迹有无涂改、挖补的痕迹，字迹有无浓淡不均等。

实行微机打印的新式"电子车票"采用特制的纸张，不仅质地柔韧、光滑，而且票面的水波纹线细密，若仔细辨认或稍作转换角度即可见"中国铁路"和"CR"等防伪隐形文字及字符，同时车票上印有条形码。

对于"整版假票"，首先可以通过手感识别，真票纸质较好，手感平顺、光滑，假票纸质厚薄不一，手感粗糙。同时，真票票面油墨在充足光线的照射下有柔和的光泽，且能看到防伪水印，而假票票面"中国铁路"标志以及背面的水印较为模糊，且手轻揉票面及数字时，油墨会沾在手上。

六、火车票的剪票原因

在旅客上火车前，车站检票人员都要在火车票上用特制的剪子剪一个小口。首先，它可以防止旅客买错票、上错车；其次，能够准确地掌握旅客的去向；第三，便于分别统计发往各站的人数；最后一条最重要，就是能起到"强制保险"的作用。

铁路运输由于受技术条件的限制，还不能完全预防意外事故带给旅客的伤害。为此，党和政府从关心旅客安全和利益出发，于 1951 年开始实行了铁路旅客运输强制保险，规定旅客在买火车票时都要另外向中国人民保险公司缴纳慢车票价 2% 的保险金。后来从简便手续出发，于 1959 年改为直接向铁路投保，铁路在发售火车票时，一同核收旅客缴纳的强制保险金。强制保险的时间是从旅客持票剪口上车后到缴票出站期间，如果因意外事故发生人身伤亡，由铁路向旅客支付医疗保险金。

国务院规定，从 2013 年 1 月 1 日起，全国铁路将实施新票价，新的票价内不含有强制意外保险。

第三节 退票、旅行变更、不符合乘车条件的处理及其他情况

一、火车票的退票手续

（1）旅客退票必须在购票地车站或票面发站办理。

（2）在发站开车前，特殊情况也可在开车后 2h 内，退还全部票价。团体旅客必须在开车 48h 以前办理。

（3）旅客开始旅行后不能退票。但如因伤、病不能继续旅行时，经站、车证实，可退还已收票价与已乘区间票价差额。已乘区间不足起码里程时，按起码程计算，同行人同样办理。

（4）退还带有"行"字戳迹的车票时，应先办理行李变更手续。

（5）因特殊情况经站长同意在开车后 2h 内改签的车票不退。

（6）站台票售出不退。

案例链接

动车退票新规定

（1）新的退票费规定，开车前退票费由原来按每张车票面额的 20% 计收下调为按 5% 计收。退票费最低按 2 元计收。

（2）动车票退票时间：在发站开车前，特殊情况也可在开车后 2h 内，退还全部票价，核收退票费。团体旅客必须在开车 48h 以前办理。网上购票且未换取纸质车票的，还可以于不晚于开车前 2h 登录网站办理退票手续。

二、对旅客要求变更的规定

（1）旅客不能按票面指定的日期、车次乘车时，在不延长客票有效期的前提下，可以办理一次提前或改晚乘车签证手续，办理改晚乘车签证手续时，最迟不超过开车后 2h，团体旅客必须在开车 48h 以前办理。往返票、联程票、卧铺票不办理改签。

（2）旅客可要求变更高于原票等级的列车或铺位、坐席。办理时核收变更等级的票价差额，核收手续费，不足起码里程按起码里程计算。变更低于原票等级的列车、铺位、坐席时不予办理。旅客中途自行变更低于原票等级的列车、铺位、坐席时，票价差额部分不予退还。

（3）因承运人责任使旅客不能按票面记载的日期、车次、座别、铺别乘车时，站、车应重新妥善安排，重新安排的列车、坐席、铺位高于原票等级时，超过部分票价不予补收。低于原票等级时，应退还票价差额，不收退票费。

（4）旅客在车站和列车内可要求变更一次路径，但须在客票有效期内能够到站时办理。办理时，原票价低于变径后的票价时，应补收新旧径路里程票价差额，核收手续费。原票价高于或等于变更的径路票价时，持原票乘车有效，差额部分（包括列车等级不符的差额）不予退还。

三、不符合乘车条件的处理

（1）有下列行为时，除按规定补票、核收手续费以外，还必须加收应补票价50%的票款。

① 无票乘车时，补收自乘车站（不能判明时自始发站）起至到站止的车票票价。持失效车票乘车按无票处理。

② 持用伪造涂改的车票乘车时，除按无票处理外并送交公安部门处理。

③ 持站台票上车并在开车20min后仍不声明时，按无票处理。

④ 持用低等级的车票乘坐高等级列车、铺位、坐席时，补收所乘区间的票价差额。

⑤ 旅客持半价票没有规定的减价凭证或不符合减价条件时，补收全价票与半价票的差额。

（2）有下列情况时只补收票价，核收手续费。

① 应买票而未买票的儿童只补收儿童票。身高超过1.5m的儿童使用儿童票乘车时，应补收儿童票价与全价票价的差额。

② 持站台票上车送客未下车但及时声明时，只补收至前停车站的票款。

③ 主动补票或经站、车同意上车补票的。

（3）下列情况只核收手续费，但已经使用至到站的除外。

① 旅客在票面指定的日期、车次开车前乘车的，应补签。

② 旅客所持车票日期、车次相符但未经车站剪口的，应补剪。

③ 持通票的旅客中转换乘应签证而未签证的，应补签。

（4）拒绝运送和运输合同的终止。

① 对无票乘车而又拒绝补票的人，列车长可责令其下车并应编制客运记录交县、市所在地车站或三等以上车站处理（其到站近于上述到站时应交到站处理）。车站对列车移交或本站发现的上述人员应追补应收和加收的票款，核收手续费。

② 对违反国家法律、法规，在站内、列车内寻衅滋事、扰乱公共秩序的人，站、

车均可拒绝其上车或责令其下车；情节严重的送交公安部门处理；对未使用至到站的票价不予退还，并在票背面做相应的记载，运输合同即行终止。

四、遇有下列情况可延长车票的有效期

（1）因列车满员、晚点、停运等原因，使旅客在规定的有效期内不能到达到站时，车站可视实际需要延长车票的有效期。延长日数从客票有效期终了的次日起计算。

（2）旅客因病，在客票有效期内出具医疗单位证明或经车站证实时，可按医疗日数延长有效期但最多不超过10天，卧铺票不办理延长，可办理退票手续，同行人同样办理。

（3）动车站列车车票只办理改签。

五、对检票、验票和收票的规定

车站对进出站的旅客和人员应检票，列车对乘车旅客应验票。对持半价票和各种乘车证的旅客须核对相应的证件，经确认无误后打查验标记。车站（到乘降所下车时为列车）对使用完毕的车票应收回。旅客需报销时，应事先声明，站、车将销角的车票交旅客作为报销凭证。学生票不给报销凭证。铁路稽查人员凭稽查证件、佩戴稽查臂章可以在车内验票。

六、发售学生票时应以近径路或换乘次数少的列车发售

下列情况不能发售学生票。

（1）学校所在地有学生父或母其中一方时；

（2）学生因休学、复学、转学、退学时；

（3）学生往返于学校与实习地点时；

（4）学生证未按时办理学校注册的；

（5）学生证优惠乘车区间更改但未加盖学校公章的；

（6）没有"学生火车票优惠卡"、"学生火车票优惠卡"不能识别或者与学生证记载不一致的。

七、旅客误购车票、误乘列车的处理

旅客发生车票误购时，在发站应换发新票，在中途站、原票到站或列车内应收票价时，换发代用票，补收票价差额。应退还票价时，站、车应编制客运记录交旅客，作为乘车至正当到站要求退还票价差额的凭证，并应以最方便的列车将旅客运送至正当到站，均不收取手续费或退票费。对旅客因误购或误乘需送回时，承运人应免费将旅客送回。在免费送回区间，旅客不得中途下车。如中途下车，对往返乘车区间补收票价，核收手续费。旅客由于误购、误乘或坐过了站在原票有效期不能到达站时，应根据折返站至正当到站间的里程，重新计算通票有效期。

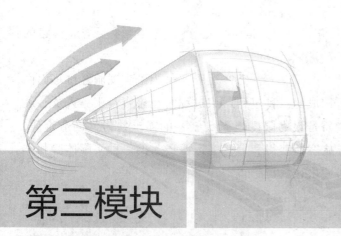

铁路客运服务
——细心每一刻　满意每一客

🖐 学习目标

　　通过本模块的学习，让学生理解铁路客运服务的内涵，掌握铁路客运服务的具体工作、列车乘务组服务工作，了解铁路客运服务质量标准等重要内容，为走上列车工作岗位打下理论和实践基础。

　　【引言】铁路作为国家重要的基础设施、国民经济的大动脉和大众化的交通工具，在现代运输体系中发挥着重要的作用，绝对是运输行业中的中流砥柱。随着科技的进步、国家经济的发展，铁路运输的速度越来越快，乘坐铁路列车的人也越来越多，这就要求我们把铁路客运服务提上日程。铁路客运的服务理念是"以人为本、旅客至上"。铁路客运服务就是最大限度地满足旅客的需求，为旅客们提供最优质的服务，树立列车安全、快速、便捷、优质的品牌。

第一节　铁路客运服务的内涵、分类及特点

　　车站是铁路的窗口。人们通过这个窗口看铁路，看我们铁路职工的整体素质；外国人通过这个窗口看我们国家，看我们中华民族的整体形象。铁路一个最大的特点是提供服务。我们大家共同劳作，连接成一个完整的服务链条，把旅客从农村送到城市，从南方带到北方，稍加注意就会发现，正是那些平时再熟悉不过的问询、售票、

扫地、送水、验票等一个个小小的服务、一声声问候、一个个微笑，才凝结成铁路的服务。

铁路客运服务的定义沿用了营销学的概念。铁路客运服务是为了实现旅客位移而由一系列或多或少具有无形性的活动所构成的一种过程，该过程是在旅客与服务人员、硬件与软件的互动过程中进行的，其实质是最大限度地满足旅客的需求并为其创造价值。客运服务是站在消费者的角度，强调旅客在获得和消费客运服务时的一种实际体验和体验的满足程度，侧重于"过程性"和"旅客满足感"。

一、铁路客运服务的内涵

铁路旅客运输的"产品"，就是旅客的"位移"。旅客从甲地到乙地的旅行过程中，铁路职工提供的运输和服务与旅客对旅行和服务的消费是同时进行的。可见，铁路客运服务，就是通过客运人员向旅客提供一定的劳动，即提供安全、迅速、舒适的服务，满足其旅行中的愿望和旅行生活方面的需要。

铁路客运服务又分为有形服务和无形服务两大类。有形服务包括车站的售票服务、检票服务、引导进站服务等。无形服务主要指客运服务人员的思想品德、职业道德、社会公德、礼貌修养、言谈举止、服务精神、工作态度等。

乘车旅行，理应享受铁路客运部门热情的服务，做好服务工作是客运职工应尽的职责，少数职工把为旅客服务看作是一种给予和付出，这种认识是极不正确的。改革发展，法制建设也在不断完善，每个客运职工都应该清醒地认识到旅客也是消费者，凭票乘车旅行，理应得到相应的服务，消费者的合法权益应受法律保护。谁侵害了旅客的合法权益，就不仅仅是路风问题或服务态度问题。为此，每一个客运职工不但要本着为人民服务的宗旨全力做好服务工作，还应该把服务思想上升到旅客也是消费者这个高度来认识这个问题，每一个客运职工都应尽心尽力、尽职尽责工作，这是宗旨的要求、职务的要求，也是作为消费者的旅客们的要求。

二、铁路客运服务的分类

铁路客运服务是消费者参与生产并从中获得体验的过程。对服务进行分类，有助于寻找规律、提炼原则，研究它们的特点，进行服务产品设计，提高服务水平及质量，服务的分类有不同角度。

1. 按照服务时间和销售时间划分

按照服务时间和销售时间可以将服务分为售前服务、售中服务和售后服务三类。售前服务是指服务时间早于销售时间的服务；售中服务是指服务时间与销售时间同步的服务；售后服务是指服务时间晚于销售时间的服务。

对于客运服务来讲，既有售前服务，又有售中服务和售后服务。其中售后服务占很大比例，旅客通常先买票才上车享有具体的服务；售前服务在旅客运输中存在，例如旅客先上车后买票的情况。

2. 按照与顾客接触的程度划分

按照服务提供过程中与顾客接触程度可将服务划分为"高密度接触"服务、"中密度接触"服务、"低密度接触"服务三类。"高密度接触"是指顾客亲自到服务场所，并且在服务传递过程中积极配合服务组织和工作人员的工作；"中密度接触"服务是指在服务中顾客与服务提供者接触程度较低，顾客到服务提供者的场所，但在整个服务传递过程中顾客不必一直在场，顾客同服务者接触的目的是建立关系、确定问题，或者是去送需要服务的实物，或者仅仅是为了付款；"低密度接触"服务是指在服务中不涉及顾客和服务提供者之间任何的身体接触，服务是通过电子媒体或分销渠道实现的。从铁路旅客运输服务流程来看，各个环节旅客接触程度不同。对铁路客运服务来说，即使是同一种服务，提供服务的方式不同，旅客接触程度也不同。例如"售票"服务，列车补票、柜台、窗口售票属于高密度接触服务，电话订票、网络订票、订购票后取票属于中密度接触服务，而自动售票机取票属于低密度接触服务。

3. 按照服务的生产过程特点划分

按照服务的生产过程特点可将服务分为专业服务、批量服务、服务店铺和批量定制服务四种。专业服务是指批量小而产品类型较多的服务。服务的个性化程度高，服务系统组织以人员为主，如心理咨询师、律师等。批量服务是指产品类型少而生产批量大的服务。服务个性化程度低，服务的标准化和程序化程度都很高，设施设备在服务系统中占有主要地位，如大型超市、机场服务等。服务店铺是指生产批量产品，类型介于专业服务和批量服务之间，需要人员与设施设备的组合，如银行、宾馆、餐馆等。批量定制服务属于批量产品类型，是较高水平的服务。铁路旅客运输服务基本属于批量服务，服务类型较少，批量大。随着客运专线的修建，运输能力不再是限制因素，铁路运输企业可以不断增加服务类型，提供批量定制服务。

4. 按照提供服务的主体划分

按照提供服务的主体划分，服务可分为以设备为主和以人工为主两种。以设备为主的服务是指主要靠设施设备来向顾客提供服务，如铁路自动售票机提供的售票服务。以人工为主的服务是指主要靠人力向顾客提供服务，属于劳动密集型服务，对这类服务人员的素质要求很高。

5. 按照与企业的关系划分

按照顾客与服务组织的关系可将服务划分为"会员"关系服务、"无正式"关系服务两类。"会员"关系是指服务企业对顾客提供的比较固定的服务。如铁路对学生旅客提供的月票、年票，以及一些优惠政策。"无正式"关系是指服务企业对偶然性顾客提供的服务。这类顾客一般能享受正常的铁路服务，不能享受"会员"顾客享受的优惠等。

三、铁路客运服务的特点

铁路服务方式灵活、人性化，主要具备以下特点。

（1）为旅客提供安全、舒适、快捷、准时、优质的服务是铁路服务的主要特点。列车乘务员言谈举止的严格规范、服务态度的好坏直接影响着国内外旅客乘坐中国铁路列车的第一印象，从这个角度也可以说列车员的服务水平在一定程度上体现了国家形象、民族素质。

（2）铁路乘务服务是反映铁路旅客运输质量的窗口，它直接代表着中国铁路的新形象。在激烈的市场竞争中，列车乘务员服务质量的好坏直接关系到高速铁路、CRH 动车组的专业品牌形象和良好的社会声誉。

（3）乘务工作者服务的对象是来自不同国家、不同地区、不同文化层次、不同职业、不同年龄、不同地位、不同风俗习惯的旅客，因为其服务内容的特殊性以及要满足国内外不同旅客的多样需求，要求乘务员必须有较高的自身文化修养，掌握丰富的铁路专业知识、礼仪规范与服务技巧。

第二节　铁路客运服务工作

铁路客运服务工作包括问事处、候车室服务、旅客乘降、广播宣传、携带品暂存、车站美化及卫生、旅客文化生活服务工作。

一、问事处工作

问事处（图 3-1）服务工作的基本任务是准确、迅速、主动、热情地解答旅客旅行中提出的各种问题，使旅客在购票、办理行包、上车及中转换乘等方面得到便利。问事处应根据客流动态及车站具体情况进行宣传和组织工作，使旅客在旅行中不发生错误。解答旅客问询的方法有口头解答和文字解答。

图 3-1　火车站问事处

1. 口头解答

口头解答是通过问事处的直接口头、电话、广播解答，口头通告、回答旅客的问题。

口头解答有很大的灵活性，它可针对当时的实际情况随时解决问题，效果较好。在列车到、发前后或列车满员、晚点时旅客问询较多，问事处可用广播来解答旅客的带有普遍性的问题，使有同类问题的旅客都得到答复。解答问询要耐心热情，做到有问必答，答必正确，百问不烦，让旅客满意。进行通告时一定要掌握好时机。

使用自动语音应答系统接收电话问询的，应先向旅客通报单位和工号，做到用语文明，态度和蔼，回答准确。

为正确及时地解答旅客所提出的各种问题，问事处应配有《铁路旅客运输规程》、《铁路旅客运输管理规则》、里程表、票价表、运价表、时刻表等，并应收集和积累各种资料。

2. 文字解答

文字解答是让旅客通过自己的视觉来解决自己的问题。车站应在办事处、售票处、候车室等旅客经常逗留的地方，解释旅客列车时刻表、客票票价表、旅行常识、安全乘车须知、铁路营业站示意图、车站所在地区交通线路图及其他临时公告等图标或文字说明。图标的内容要通俗易懂，版面要鲜明、美观，夜间应有充足的照明。在较大车站还应设有先进的电脑自动查询系统。

> **想一想?**
>
> 当你在火车站遇到问题需要咨询时，你通常会问谁？ 结合你自己的经历，谈谈你对问询结果满意吗？

二、候车室服务工作

候车室（图 3-2）是旅客休息和等候乘车的场所，是旅客的集散地，昼夜都有大量的旅客，而且流动性很大。车站必须为旅客创造舒适良好的候车环境。

较大车站可以按旅客乘车方向或按列车车次、席别、客流性质设置候车室。车站应阻止无票人员进入候车室，三等以上车站可以实行凭票候车，以保证候车室的良好秩序。

候车室工作人员要主动、热情、周到、诚恳地为旅客服务。候车室服务工作包括以下几个方面。

（1）主动迎送旅客，按列车开行方向和车次安排候车区域，组织旅客有序候车，及时更换车次显示（牌）。

（2）及时通告有关列车到、开和检票进站时间，宣传安全、卫生及旅行常识。

图 3-2　火车站候车室

（3）搞好清洁卫生，除随脏随扫外，应根据列车到、开时刻，在候车室内旅客较少时进行清扫工作，减少对旅客的干扰。冬季搞好采暖，夏季搞好通风，为旅客创造良好舒适的旅行环境。

（4）候车室内温度符合 GB/T 9672 的规定。

说一说?

结合你自己的经历，谈谈你对火车站候车室的印象。

三、旅客乘降工作

（1）为维护车站秩序、保证旅客安全、防止旅客乘错车，车站对进站人员持用的车票检验后进行加剪，检票前要清理站台。始发站在开车前 40min，中间站在列车到站前 20min 开始检票（图 3-3 和图 3-4）。

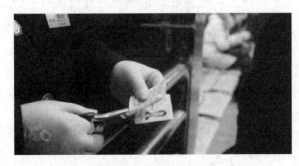

图 3-3　工作人员为旅客进站前检票

图 3-4　旅客使用电子检票系统

（2）检票时先重点旅客（老、弱、病、残、孕、带婴儿的旅客），后团体旅客（20人及以上，乘车日期、车次、到站、座别相同、集体乘车的旅客），再一般旅客。

（3）剪票要确认车票的日期、车次、发到站、签证是否正确，认真执行"一看（看日期、车次）、二唱（唱到站）、三剪（加剪）"制。常备票在中间下部空白处加剪，代用票、软纸票在右上方空白处加剪，定期票、卧铺票、中途下车和换车恢复旅行的车票不加剪。站台客运员应坚守检票口、天桥口、地道口及进站通路交叉地点，按最短、交叉最少的进出站流线组织旅客进出站，上下车随时做到扶老携幼，监督购货旅客及时上车。列车开车铃响后组织送站人员站在站台白色安全线以内，列车开出后，清理站台闲杂人员出站，保证旅客安全。

（4）列车出发和到达时，客运人员、站台售货员、运转值班员、执勤民警等应站在站台上列队迎送列车。国际列车（包括挂有国际车厢的列车）指定站长（副站长）迎送，直达特快列车指定客运主任（副主任）迎送，其他旅客列车由客运值班员迎送。迎送时，间距适当，足踏白线，面向列车，目迎目送，应以列车进入站台开始，开出站台为止。

（5）对出站人员的车票，团体旅客证应收回，但中途下车和换车的旅客车票不收回。收票时要确认车票的到站、车次、经由、有效期是否正确，认真执行"一看（看日期、到站）、二问（问明车票是否报销）、三收（报销撕角，不报销收回）"制。特别注意不要误撕车票，如已误撕应给旅客换发代用票，对收回的车票要妥善保管，定期销毁。

（6）组织中转换乘的旅客在适当地点候车、换乘，保证乘降工作安全、迅速，不乱、不错。

动动脑？

如果你在火车站开始检票前不慎遗失了你的动车车票，你应该怎样处理这一突发情况？

四、广播宣传工作

广播对工作人员起着指挥生产的作用，对旅客起着引导作用。通过广播，可将车站的接发车准备、检收票、清扫及整顿工作及时传达给工作人员，以便按照统一的作业过程，有条不紊地完成各项工作。通过广播，可将列车到达、出发时刻及其他有关事项通知候车室、广场和站台上的旅客，以便组织旅客及时进出站和上下车。

广播宣传工作（图3-5）应做到以下几点。

（1）认真执行党的方针政策，充分发挥广播服务于旅客、宣传于旅客、组织于旅客的作用。

（2）广播员应按照列车到开时间顺序和旅客候车规律，编制广播计划，做好安全、服务、卫生和旅行常识的宣传，按时转播中央人民广播电台的新闻，适当播放文娱节目。

（3）转播时要预先确认，认真监听，严防误转错播。直播时要事先熟悉材料，做到发音适宜，语言通俗易懂，并要积极收集资料，丰富广播内容。

（4）遇有列车晚点 30min 以上时，应利用广播向旅客表示歉意。

（5）爱护机械设备，熟悉机械性能，精心使用，严格管理，认真执行操作规程。

图 3-5　列车广播员在广播

练一练?

请你模拟一段站内广播员的广播，广播内容自拟，需符合工作实际。

五、携带品暂存处工作

携带品暂存处（图 3-6）是为旅客临时保管随身携带品的场所，做好携带品暂存工作能给上车前、后的旅客创造便利的条件。暂存物品体积小、重量轻，存取时间集中、紧迫，为安全、迅速地办理暂存工作，应设置带格的物架，对暂存物品实行分区、分堆、分线保管，采用暂存票尾号对号保管。对笨重大件的或集体旅客暂存的大批物品可堆放在一起。易碎品应固定货位存放。

大的客运站现已采用电子技术控制的双控编码锁小件寄存柜（图 3-7），旅客可自己选定号码开柜，为服务人员的管理工作创造了良好条件。暂存处应公布收费标准和注意事项，暂存物品需要包装良好，箱袋必须加锁，包装不良的不予存放。办理暂存手续时，应进行安全检查；必须填写日期、寄存日期和核收款额。暂存票应按顺号装订，保管一年。对长时间无人认领的暂存物品，要定期清理。

图 3-6　火车站行李寄存处

图 3-7　火车站小件寄存柜

六、车站美化和卫生工作

客运站是城市大门，是旅客聚集的地点。做好车站的清洁卫生、站容整顿和绿化工作，既能美化站容、净化空气，又能为旅客旅行提供良好的环境（图 3-8）。

图 3-8　火车站内清洁工作

车站站容要求庄重整洁、美观大方、设备齐全、标志明显、搞好绿化。车站绿化要适宜，栽种树木以常青树为宜，并采取乔木和灌木、花树和花卉相结合的绿化方法。站前广场上各种车辆的停靠位置和走行通道统一布置大型宣传广告和标语。发布广告应符合《中华人民共和国广告法》的有关规定。广告设置规范安全，美观大方，与车协调。不挤占规定的铁路图形标志、业务揭示、安全宣传等内容和位置，不影响站容。

要保持车站的卫生，组织强有力的保洁队伍，建立日常清扫与定期突击相结合的管理制度，按班组划分清洁区，干部和专人负责相结合，实行检查评比制度并定期公布。

候车室应有防虫、防鼠设施并保持完好有效。按规定进行"消、杀、灭"，蚊、蝇、病媒昆虫指数及鼠密度应达到全国爱委会的考核规定。

候车室、站台、地道、天桥、股道保持清洁卫生。站台、地道、天桥无积水、积冰。

七、旅客文化生活服务

旅客文化生活服务设施在大站设有以下几种。

1. 书报阅览室

书报阅览室设置在候车室或大厅内。室内布置整洁、明亮，备有足够数量的桌椅杂志，并按期及时调换，旅客可借用报刊和文娱用品。

2. 录像厅、电影院

在较大的客运站设有录像厅、电影院，放映时间应根据车次、客流情况而定。

3. 餐厅、茶室

为满足旅客在饮食方面的需要，应设置旅客餐厅（图3-9）；条件许可的，可增设茶室。在候车室应有免费为旅客提供的饮用水和非饮用水。

图 3-9　火车站内各式餐厅

4. 售货部

站台上应设有售货亭及流动售货车，候车室内应有小卖部。在大型客运站还可以开设为旅客提供在旅行中所需商品的商店，使车站转变为多功能的服务场所。

第三节　铁路客运服务技能与技巧

你知道吗？

1. 与女士交谈的"五不问"指的是什么？

2. 人际交往的心理模式有哪几种类型？

服务水平的高低取决于客运职工的素质，因此，建立一支具有良好素质的职工队伍是提高服务质量的关键。素质包括思想素质和技术业务素质。思想素质主要是指有思想、有道德、有上进心、有责任感，热爱本职工作，能自我约束、自觉遵章守纪、自觉抵制不正之风。技术业务素质主要是指能达到本职工作的应知应会标准，能熟练掌握技术业务，具有一定的服务技能，能够比较熟练地开展服务工作。客运工作者自己的思想和技术业务水平的高低是其是否能达到优质服务的关键。

一、业务知识

1. 基本知识

知识是一种动力。在貌似简单的问询服务工作中，缺少基本知识会让你感到捉襟见肘，力不从心。

作为车站职工，要做好问答服务，自己必须尽可能地多掌握一些必要的业务知识，只有这样，你才能"游刃有余"，得心应手，更好地为旅客服务。

另外，对业务知识的"应知应会"，是你从事本职工作的最起码要求。离开了这一条，你的服务就是"无源之水，无本之木"。

2. 综合知识

在我们的实际工作中，经常会遇到这样的情况：旅客碰上客运值班员或服务员时，询问某某车票的票价；碰上行车工种作业人员时，询问某某车次停几站台；在购票时，问售票员该去几号候车室等。虽然有时候我们的职工也能答出个一二三来，但大数情况下则是吞吞吐吐、一脸尴尬、很没面子。

个人面子事小，铁路形象事大。如果你能立足本职、兼顾其他、触类旁通，多学习、掌握车站各岗位的综合知识，就可成为一专多能的复合型人才，在为旅客提供多方面服务中提高车站和铁路的整体形象。

比如说，你现在是客运员，本岗位的基本知识掌握得很好，但这还不够，售票、行包等相关知识你也要主动学习。虽然不一定非要十八般武艺样样精通，但一些基本的东西最好能把它当成"必知必会"来对待，该用的时候信手拈来，这样才能避免在旅客面前的尴尬，同时也进一步方便了旅客。

要学好综合知识，应当注意一点：平时多总结、多积累，对于那些出现频率较高、旅客较为关心的"热点"问题要重点把握，不妨集中归纳、逐项分类、各个击破。对于旅客很少提及的方面，做一般了解即可。

3. 延伸知识

有的同志或许会想，我把基本知识、综合知识全都学好了，旅客的问题再多我也能对付。乍一听是如此，可实际情况并不一定是这样。

延伸知识虽然不属于我们提供铁路服务的"分内之事"，但它却更能体现服务的价值，更能体现我们服务人员的个人素养。我们应当在平时做个"有心人"。多收集交通、旅游、购物、餐饮、住宿、医疗等方面的资料信息，想旅客之所想、急旅客之所急，在

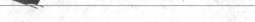
解答服务中做到百问不倒，对答如流，从而推动我们的服务水平不断提高。

二、服务技能

1. 全面服务

顾名思义就是服务者面对全体旅客，实行全方位的服务，即"全体旅客，全面服务"。

（1）为旅客服务　按规定购买了车票、到车站候车、乘火车旅行的人，无论他是哪个国籍、哪个民族，是政府要员，还是普通百姓，无论他是工人或农民、军人、学生，还是老人、妇女、儿童，都是旅行消费者，都是旅客，都是铁路的客人，所以我们在接待服务过程中，都要一视同仁、一体待客，因为他们在政治和人格上是平等的，没有高低贵贱之分，都有权享受铁路提供的一切服务。

（2）全项服务工作　所谓全项工作，就是售票服务、候车服务、行包托运服务、进站引导服务、饮食卫生服务、供水服务、广播宣传服务、安全服务、礼貌服务等各项服务工作。如让每位乘客都能喝到开水，也就说凡是在车站候车的旅客，或在列车上乘车旅行的游客都能直接享受到你的服务，这些都是全项工作。

（3）全程服务　所谓全程，即列车从始发站至终点站的整个过程。全程服务的工作要求如下。

"三要"：接待旅客要文明礼貌，纠正违章要态度和蔼，处理问题要实事求是。

"四心"：接待旅客热心，解答问询耐心，工作认真细心，接受意见虚心。

"五主动"：主动迎送旅客，主动扶老携幼，主动解决旅客困难，主动介绍旅行活动，主动征求旅客意见。

2. 重点服务

（1）除了全面服务，客运工作还需做好"重点照顾"。任何事物都是相对的，因为我们的服务对象是人，是来自不同国籍、不同民族、不同信仰、不同生活习惯、不同年龄、不同性别、不同身体素质、不同文化层次的各国人民。尤其在乘车旅行过程中，他们始终处在动态的、不规律的、不习惯的环境中。特别是老、弱、病、残、孕及有特殊情况的重点旅客，由于多方面的因素，有时他们无能为力，所以把他们作为"重点旅客"，对他们实行"重点服务"，这也体现了人民铁路的宗旨。

（2）对"重点旅客"要做到"三知、三有"。

"三知"：知到站、知位置、知困难。

"三有"：有登记、有服务、有交接。

首长也属重点旅客范畴，但对他们的照顾不可过分。

想一想？

结合你的实际经历，谈谈你所知道的列车员重点照顾旅客的感人事迹。

3. 主动服务

客运职工在车站或列车上的服务过程中是主动的，旅客是被动的，只有我们把旅客摆在"至上"的位置，才能想到自己是代表铁路在执行任务，才能主动提供最佳服务。严格地说，旅客与客运职工在政治上、人格上是平等的，但是在工作中又是不平等的，因为旅客是消费者，理应享受到铁路工作人员的服务。试想，如果一个职工的服务技能高超，但不去主动地进行各项服务，她的服务技能还有什么意义？还谈什么提高服务质量呢？因此，客运职工只有在服务岗位上充分发挥服务技能，主动地为旅客服务，才能体现职业的价值。

4. 热情服务

从事客运工作离不开热情服务，因为它关系到国家和铁路的声誉。职工的热情服务，就是指客运工作者对铁路旅客运输事业具有较高的事业心和责任感，对自己有肯定的认识，对旅客的心理状态有深刻的了解，因而激发了强烈的服务热情，体现对社会的义务，对企业和旅客的责任，满腔热情地为旅客提供优质服务。热情服务的表现有：积极主动、精神饱满、谦虚谨慎、神情专注、举止大方、热情好客、动作迅速。

> **练一练?**
>
> 以小组为单位，每组派代表模拟列车员为旅客进行热情服务的场景，比一比，看哪组服务得更好。

5. 周到服务

周到服务，顾名思义就是在"周到"二字上下工夫，了解各个层次、各种类型旅客的心理，了解旅客在旅行当中的各种需求，并有针对性地在服务内容、服务项目上做到细致入微，千方百计地帮助旅客，为旅客排忧解难。

周到服务与旅客心理状态如下。

（1）文雅型的旅客　其特点是有一定的文化知识，知识面较广，这些人多为知识分子，对他们的服务要主动热情、文明礼貌。

（2）安静型的旅客　多为年龄大、身体不太好的人，对他们要给予重点服务，多关怀。

（3）好奇型的旅客　此类旅客多为第一次出门乘火车，对什么都感到新鲜，好动、好问，多给他们介绍一些旅行常识，提醒他们注意安全。

（4）享受型的旅客　其特点是经济富裕，生活上讲排场、摆阔气，吃喝档次较高。对这类旅客要注意观察，注意他们是否饮酒过量，影响其他旅客及车内秩序。

（5）挑剔型的旅客　其特点多为愁眉苦脸，心事重重，无心与人交谈，也无兴趣观景。

（6）急躁型的旅客　其特点是多为神情紧张，焦躁不安，语无伦次，要注意观察其动态，适时开导，防止发生意外。

对于有精神异常情况的旅客，要把他们作为重点旅客来进行服务，多观察、了解、劝解，注意他们的动态，防止突发精神病、自杀或者其他意外事故的发生。

外宾，港、澳、台胞旅客正逐年增多，他们多为观光、旅游、探亲。他们的特点是喜欢了解名胜古迹、景点，好奇心强、好动、好问。对他们的服务要主动、周到、文雅、礼貌。

另外，不同季节也有不同的服务内容。应根据春、夏、秋、冬不同季节、气候的变化，做好通风换气、保温取暖，还应根据早、中、晚时间的变化，有针对性地做好服务工作。

总之，周到服务是实质性的服务，是所有旅客都能直接享受到的服务，要"想旅客所想、急旅客所急、帮旅客所需"，这三句话做到了，也就达到了周到服务的要求。

6. 礼貌服务

"礼貌是社会的一部分"，"礼貌是人与人的相处之道"。礼貌是一种尊重，铁路客运部门是向全社会开放的，是窗口单位。礼貌服务是提高服务质量的主要方法之一。客运工作者向旅客提供礼貌服务是表示尊重、友好和欢迎的最佳方式。礼貌服务可以调节、平衡服务人员与旅客的关系，缓解旅客心理上的某些消极因素，满足旅客心理上的需要。礼貌服务中注重礼貌礼节，讲究仪容着装、热情诚恳、谦虚恭谨、彬彬有礼，工作标准化、作业程序化。礼貌服务是其他各项服务的核心，是满足需求的服务。

（1）仪容端庄　客运工作者的外在形象不仅仅是个人的事，而且带有较强的示范性，关系到铁路的形象和国家的声誉。客运工作者要讲究风度美，外表形象要端庄、身材匀称，原则上女性身高不低于160cm，男性身高不低于170cm。着装统一，佩戴标志，仪容整洁，精神饱满。不佩戴饰品，不浓妆艳抹，不穿高跟鞋，不留小胡子。

（2）谈吐文明　客运工作者谈吐要文明、文雅，态度要和蔼，语言要亲切，音量要适当，回答问题要热情耐心、简明准确，针对不同的服务对象，用好尊称、敬语、问候字，礼貌用语（您好、请、对不起、再见、谢谢），杜绝粗俗、恶劣的污言秽语。

（3）服务态度　礼貌服务，服务人员的态度十分重要，要做到态度和蔼，主动热情，礼貌待人，一视同仁，一体待客，公道服务，不以貌取人，不感情用事，不怠慢旅客。

（4）工作姿态　客运工作者必须随时保持应有的风度。举止稳重，坐、立、走的姿态要正确。接待旅客要起立，与旅客对行要主动让路，挪动物品要先打招呼。夜间工作可能会干扰旅客休息，因此要做到谈话轻、走路轻、关门轻。

三、服务技巧

俗话说："在家千日好，出门万事难。"人在旅途，难免会遇到一些困难和疑问，在旅客遇到困难时，总会把目光投向我们，渴望我们给予解决。我们只有正确处理好不断产生的问题，掌握好服务技巧，才能在第一时间充分展现出我们的服务形象。

1. 铁路服务的一般技巧

列车客运人员与旅客直接接触，必须要具有看、说、听、动、笑五个方面的技巧。

（1）看的技巧　列车客运人员接待旅客，首先是观察旅客。观察旅客，主要从年龄、服饰、语言、身体语言、行为、态度等几个方面去观察。不同类型的旅客，需要提供不同的服务方法。

（2）说的技巧　列车客运人员要用柔和的声音、亲切的态度和旅客说话，因为旅客不但在意服务员说什么，更在意怎么说。

（3）听的技巧　列车客运人员在听的时候，要认真、专心、耐心，始终与旅客的目光接触。

（4）动的技巧　动主要是指身体语言，身体语言是一种无声的语言。在以后的章节中将详细讲解。

（5）笑的技巧　列车客运人员的服务过程一定要面带微笑，旅客看到你的微笑，他会感受到你很愿意为他服务。

作为客运服务人员，面对来自五湖四海的旅客，要想服务到位，还需要做到以下两点。

（1）首问负责：把关爱进行到底　旅客无论在候车室、售票厅，还是在出站口等处所，只要有疑问，随时都可以求助于身边的车站工作人员。无论问到谁，他都必须负责解答旅客的疑问，直到这位旅客满意为止，这就叫做"首问负责"。正确解答旅客问询并解决旅客困难，是客运工作者义不容辞的责任。

（2）准确应答：一点一滴不含糊　在解答问询时，我们不仅要做一个好的"说者"，而且要做一个好的"听众"。旅客问询时，漫不经心、边忙着手头的事边听的行为是不礼貌的。还要注意不要随便打断对方的问话，要让对方把话说完。需要插话时，应当在对方讲话告一段落后再进行，不要直接否定对方的讲话，更不要"抬杠"。

答必准确，不要含糊其辞。在解答问询的过程中，有限的一问一答寄托着旅客的希望，我们应尽最大可能给他们一个满意的答复，"大概、也许、可能、好像"这样的回答显然不会令人满意。

2. 铁路客运涉外服务技巧

随着改革开放形势的发展，我国的国际地位不断提高，来我国访问、旅游、洽谈生意的外宾正逐年增加，做好涉外旅客的运输、接待、服务工作显得非常重要。铁路客运部门都是涉外单位，所有站、车的客运工作人员都是涉外工作人员，学习了解一些涉外工作基本知识是非常必要的。

（1）涉外工作的原则和纪律　涉外工作，顾名思义，就是与外国人进行交往的工作。它是一项服务性的工作，也是一项政治工作和宣传工作。这就决定了涉外工作首先要按照党和国家的对外方针政策办事，严肃、认真、谦虚、谨慎、细致、周到地做好涉外工作。

① 维护祖国尊严。维护祖国尊严是一项最根本的原则。涉外工作人员不是代表个人，而是代表国家和人民对外宾进行工作的，坚决维护国家的主权和利益、维护中华民族的尊严是对涉外工作人员的最基本要求。

② 执行涉外政策。在涉外工作中，必须按照党和国家的方针政策办事。在具体的涉外工作中，坚持国际主义，国家不分大小，一律平等对待，做到热情周到，以礼相待，文明大方，谦虚谨慎，不卑不亢。

③ 站稳立场，保持人格。在涉外工作中，要处处体现出中华民族的优良传统，维护中国人的人格。既不卑躬屈膝，又不盲目自大；既坚持民族自尊心，又要虚心学习他国的长处。坚持社会主义立场，抵制各种不良风气，做一个堂堂正正的中国人。

④ 严格保守秘密。在涉外工作中，要注意严格执行保密制度，不泄露国家机密，不在涉外场合议论内部事务。遇有外宾与我们交谈时，可以自然大方与其交谈，但谈话要有分寸。

⑤ 遵守组织纪律。在涉外工作中，要严格遵守组织纪律。如实反映情况，严格请示、报告制度，共同做好涉外工作。

（2）涉外旅客运输注意事项

① 涉外旅客进站应检票，出站应收票。

② 涉外旅客随身携带品应比照国内旅客同样办理，并自己保管；超过重量时，应办理托运手续；由车站人员搬运时，应核收搬运费。

③ 涉外旅客上车后，乘务员原则上应按照车票票面指定的铺别、车号、铺号安排，不得随意调整。如确需调整，应与旅客协商，经旅客同意后调整；旅客不同意不得强行调整。如遇不同国籍、不同信仰、不同政治态度的涉外旅客同时乘车，应分开安排。

④ 较大城市的车站候车室应备有外文书刊、画报、卫生纸、香皂、毛巾和文娱用品。

⑤ 列车软卧的洗脸间应备有毛巾、香皂，厕所应备有卫生纸，或发给外籍旅客卫生袋。坐式马桶厕所应开放，不得锁闭，并注意搞好马桶坐圈及盖板的卫生。

⑥ 站、车发现外籍旅客的遗失物品，应及时交还，不能交还时，应编制记录交有关站、车处理。

⑦ 涉外工作人员未经上级许可不得向涉外旅客赠送礼物，他们向我们赠送礼物时，也要婉言谢绝，如实在盛情难却，也可接受，但事后应逐级上报。

⑧ 涉外工作人员应具备良好的素质和思想品德，作风正派，宽容大度，谦虚礼貌，以诚相待，实事求是。

（3）涉外工作人员谈话注意事项

① 涉外接待服务中，谈话时要自然大方，对方讲话时要注意倾听，不要左顾右盼或看表等，以示尊重。

② 谈话时要注意分寸，称赞对方不宜过分，自己谦虚也要适当。对涉外旅客不要使用汇报、请示等词句。在不了解涉外旅客国籍和身份时，不要称呼同志，可称先生、女士、小姐、夫人等。

③ 与涉外旅客谈话要谨慎、稳妥，注意内外有别。自己不知道的事情，不要随便回答，谈话要注意自己的身份，切不可忘乎所以。

④ 与涉外旅客谈话时应尽量谈些彼此都感兴趣的事情，多谈友谊和共同点，不要吹嘘自己，不要夸夸其谈。

⑤ 谈话时，要注意让涉外旅客有充分表达自己意见的机会，不要尽是自己讲，也不要形成只是他们讲而我们一声不吭的局面。

⑥ 谈话时不要用过多的手势。声音高低以使对方能听清楚为宜，谈话时与对方距离不可太近，不可溅出唾沫。

⑦ 谈话时不要打听涉外旅客（特别是女宾）的年龄、薪金收入、衣饰价格和其他私事，更不要以某人生理特点为话题，如胖、瘦、高、矮等。

⑧ 在涉外旅客之间或与陪同人员交谈时，不要随意插话，也不要趋前旁听。如果有事需要和涉外旅客或陪同人员说话，应先打招呼。

⑨ 与涉外旅客谈话时，如果自己的外语讲得不好，要请译员翻译，不要讲一知半解的外语，以免词句不当造成误会。与涉外旅客谈话时，如果没听清楚，可以再问一遍；如发现对方对我们的谈话未能领会精神，应通过翻译解释清楚。

⑩ 对个别涉外旅客不友好言行，要具体分析，正确对待，不要感情用事。如果对方误解，应及时加以说明，对个别抱敌视态度、故意刁难、蓄意挑衅的涉外旅客，要严正表明立场，坚持原则，据理驳斥，但是也要适可而止。事后应及时向上级汇报。

3. 对待重点旅客的服务技巧

重点旅客包括老、幼、病、残、孕。我们在服务过程中可以采取特别的提醒以及开展具有专注性、针对性的服务，在细节中体现服务的魅力。

遇有重点旅客乘车，首先向同行人进行安全注意事项的介绍，无同行人的重点旅客，尽力将座位调整到距离车门、卫生间较近的位置，并及时向列车长汇报车内重点旅客情况。运行中主动询问旅客有何需求，引导、搀扶重点旅客使用服务设施。到站前，提前妥善安排乘客。如始发站以重点旅客等级交接表的形式将重点旅客与列车长进行交接，列车长应妥善安置，并指定乘务员重点做好照顾，列车到站由列车长与车站客运值班员进行重点旅客的交接。

例如对于乘车儿童，开车后提示带小朋友的旅客看管好孩子，不要让孩子在车内跑玩儿，并进行相关的安全提示。要叮嘱孩子不要触碰电茶炉、车门、灭火器等设备设施，不要将手伸入垃圾箱口。如发现家长忽视对孩子的看管，要及时引导小孩回到家长身边，再次叮嘱提示家长，避免发生意外。加强车内巡视，随时关注儿童旅客的举动，做好相应服务工作。

遇有孕妇乘客上车时要主动帮助提拿、安放随身携带物品，乘务员在前方引导入座，注意调节通风口。应根据需要多提供清洁袋，并及时清理，随时给予照顾。下车时乘务员主动协助提取行李。遇到老年旅客乘车时乘务员应主动介绍车厢服务设备、卫生间的位置。旅途中经常去看望主动问候，工作空余时多与他们交谈，消除老人的寂寞，需要饮水时，应送水到座位，如老人需要用卫生间应及时给予搀扶、引导。到达目的地提示老人不要遗忘物品，搀扶其下车，与接站人员做好交接。

遇有盲聋哑旅客乘车时，乘务员应主动介绍车厢服务设备、卫生间的位置。旅途中看望、主动问候，需要饮水时，应送水到座位。如盲人旅客需要用卫生间应及时给予搀扶、引导。到站前及时提示旅客做好下车准备，不要遗忘物品，并搀扶其下车，与接站人员或车站工作人员做好交接。肢体上有残缺的旅客乘车时，由于自身行动不方便，乘务员应主动介绍车厢服务设备、卫生间的位置，帮助残疾旅客把轮椅等用具放置到合适位置。

遇有患病旅客时，或是遇到在旅途中突然感觉身体不适的旅客时，乘务员应主动帮助旅客调整到合适的座椅，便于同行人照顾。旅途中经常看望、主动问候，为旅客提供及时帮助。

4. 处理旅客投诉的技巧

引起旅客投诉的主观原因表现为不尊重旅客或工作不负责任两种情况。

不尊重旅客是引发旅客投诉的重要原因，例如工作中不注意语言修养，有意无意，甚至讽刺、挖苦、责骂旅客，无端怀疑旅客，并有不礼貌的言语举止。有时，不尊重旅客也会引起旅客的不满与投诉。

工作不负责任是指工作人员在工作时马虎、敷衍、粗糙、潦草。其表现为服务不主动、不热情、不用心，忘记旅客交代的事情，损坏旅客物品，卫生工作不认真，服务项目残缺不全，没有达到应有水平等。

引发旅客投诉的客观原因主要是设备损坏、设备欠缺又没及时修好，如列车空调温度不适合、水龙头损坏。遗失物品也是引起旅客投诉的原因之一。

由于旅客的性格、气质不同，处理问题的方式各有差异，当出现以上种种情况时，有的旅客可能嘴里嘀咕，有的旅客会理智地提出意见，还有的旅客会大动肝火。这些现象，客运服务人员应注意观察，及时发现，并主动做工作，尽力挽回影响，维护企业形象。

处理旅客投诉是一门艺术，服务人员和管理人员可以凭借自己广博的知识和丰富的经验，因人制宜，因事制宜，因时制宜，因地制宜，采用恰到好处的方式，机智地处理各种问题，常常可以收到事半功倍的效果，具体可注意以下几个方面。

（1）对旅客的意见虚心接受　旅客给我们提意见时，我们态度要诚恳，心平气和，认真倾听，并且不要打断旅客的谈话，让他把意见说完。旅客的声音高，说话的速度快，可以对他说："请您不要急，慢慢讲。"旅客的意见属实，我们要明确表态，虚心接受，并诚恳地向旅客表示感谢。对旅客所提的意见，应该马上表明"让您感到不快，我们有责任，我们还要多方面提高服务质量"的态度。有了这个态度，处理旅客的投诉能减少很多麻烦，有经验的服务人员，他们有"忍一句，了百句"的经验，因此他们不会同旅客顶撞，更不会和旅客吵架。当旅客给服务人员提意见时，服务人员接受了，认错了，道歉了，改正了，她就达到了提意见的目的了。只有当旅客认为服务员拒绝接受意见时，才会继续向服务员的上级领导反映。意见向上反映一级，麻烦就增加一层，所以处理旅客的投诉，应尽量处理在最基层，不要扩大事态。

（2）对旅客提出的合理要求及时解决　旅客投诉大都是合理的。一般来说，旅客出门在外，乐于随遇而安，只有他们的合理要求不能实现、合法权益遭受侵犯时，才不得不提出意见。如列车员大吵大闹严重影响旅客谈话或休息时，旅客会提意见；列车设施残缺，如卫生间没有供纸、马桶不能正常冲水，旅客会提请修理，对于这样的合理要求，应当及时解决。在解决这些问题时，要有一个时间概念，如对旅客说："谢谢您的提醒，这个问题10分钟以内就会解决"，随即同有关部门联系处理，直到把问题解决，旅客满意。

（3）对旅客投诉的与业务无关的问题应尽量帮助解决　旅客一般向列车乘务人员投诉，因为他们是工作在第一线的直接服务者。旅客投诉的内容，可能涉及服务态度、卫生质量、食品质量以及环境设施等方面。如旅客向列车员抱怨空调冷暖不均、列车晚点，这些问题如不属于自己的直接责任范围，我们不能推开不管，而要加以解释、安慰，并积极参与解决。

实事求是地讲，并不是所有旅客提出的意见都是服务人员所能解决的。当遇到旅客向你提出自己无法解决的问题时，你应先道歉："真对不起，让您久等，耽搁了时间。"然后说明，"我立即同有关部门联系，请他们帮助解决。"问题解决了，当然很好，一时无法解决，也要及时向旅客解释清楚，并提出替代办法。

（4）处理好旅客不属实的意见　对旅客的不实意见，要根据不同情况妥善处理。如旅客反映的是一般性的，如某乘务员服务没有到位，而实际上服务人员是严格执行了操作规范，这时引导乘务员从积极方面去理解领会，引以为戒，不必同旅客去论是非。但若反映的问题属于原则性的，如说某个乘务员偷了旅客的钱物，则须认真对待，从速调查，当证实旅客并没有丢失钱物或虽有丢失，但与工作人员无关时，则应从善意出发，明确向旅客说明，同时及时释解被诬告服务员的思想包袱。在一般情况下，不必令旅客向乘务员赔礼道歉。

（5）乘务员与旅客发生矛盾时，得理也要让人　宾客至上，这是我们的服务宗旨。在服务工作中，学会"得理也让人"是十分重要的，这倒不是说服务工作低人一等，理应忍气吞声，而是强调宾主发生矛盾，主人这一方应负更大的责任，况且，服务工作让旅客满意，企业经营会越来越兴旺，到头来真正受益的还是提供服务这一方，从这个意义上讲，"宾客永远是对的"应理解为"服务永远是实惠的"，因此，除个别蛮不讲理、纠缠不休或图谋不轨的情况外，在服务工作中都要竭尽所能地避免摩擦、碰撞、对立和矛盾。

（6）对委屈深、意见大、损失多的旅客　他们不但在列车或在车站范围内对当事人进行投诉，而且还会向新闻界、舆论界投诉，还可能向列车或车站的主管部门甚至局长反映情况，这些投诉和反映，会对运输企业的声望和名誉带来意想不到和难以挽回的损失。为了不出现这些情况，我们对委屈深、意见大、损失重的旅客要尽心尽力、尽职尽责地做好各方面的工作，其主要做法有：要以加倍优质的服务对待旅客，用周到入微的热情服务弥补我们的过失和旅客的损失；当事人和领导向旅客赔礼道歉，主动承担责任，做出合理赔付，征询改进意见；减收或免去旅客旅行期间所发生的费用；教育、批评处理当事人且让旅客知道处理结果。一般来说，通过做这些方面的工作，旅客是会谅解我们的。如通过多方面做工作旅客仍不谅解时，我们应主动向有关部门的有关领导说明情况，争取在上级的指导下妥善处理。

（7）不准扣留或隐匿旅客的批评意见　当旅客委托转送批评信件时，委托人应当及时、诚实地照办照转，不能私自拆阅，也不能扣下不呈。热心的旅客在结束旅行时，有时会在意见本上写上批评、表扬或建议性意见。这些意见的内容公开，工作人员是可以看到的，但无论是什么性质的意见，工作员都必须按照规定及时如实上交，主管领导对此负有监督、收集、汇总之责。任何拖延、截留、涂改藏匿举止都是犯规违纪行为，都要受到追究和制裁。

（8）对暴跳如雷的投诉旅客要理智冷静　有时由于旅客方面的原因（如性格、心情）或乘务员方面的原因（如怠慢、刁难），或上述两个方面的交叉与结合，投诉旅客已是怨气冲天、怒不可遏甚至暴跳如雷。每逢此时，作为投诉接待者，首先要冷静、理智，以同情和理解情绪耐心听旅客宣泄，让他慢慢讲，用你的善意和冷静为旅客的暴跳情绪慢慢降温。当旅客有了冷静的态度后，他也就有理智了。双方在冷静理智的心态下商量问题，一般来说事情就好办了，问题就好解决了。所以对暴跳如雷者，首先应做的就是通过自己的冷静使对方也变得冷静，然后问清事情的经过，根据投诉的内容进行处理，容易收到较好的效果。

（9）对无理取闹的旅客要灵活处理　大千世界无奇不有，蛋中挑骨、无端寻衅、酒后撒疯、百般挑剔、无理取闹者也偶有出现。这种人鄙俗的欲望得不到满足、阴暗的心理得不到宣泄时，往往采取恶人先告状的方式以诬告作为投诉，如有意不买票，反诬告乘务员服务差等。这种情况虽然棘手却不难鉴别，每逢如此，可以采取的对策是：一要大义凛然，坚持原则；二要头脑冷静，反应灵活，可先好言相劝，劝其自爱自制，然后正言相告，告白事理、法理，再厉色警告，揭明后果。倘劝解无效则不宜延误，应及时通知保安部门进行处理。整个过程要注意收集、保留证据，不要扩大事态或影响他人。

（10）要尽量避开旅客在公共场所投诉　旅客在公共场所投诉时，因易引起围观，干扰正常工作秩序，造成不良影响，所以乘务人员的首要任务是客气机智灵活地把旅客引离大众场合，到办公室或其他安静场所，让其心平气和后再按照程序了解情况，解决问题。

对于列车乘务工作者来讲，要全方位地提升自己的服务礼仪水平和质量，不是一朝一夕能够做到的，除了有严格的礼仪规范和统一的服务质量标准，还需要掌握多样化的服务技巧。首先要从多方面入手，加强爱岗敬业和职业道德教育，树立正确的人生观和价值观，形成讲奉献、比进取的良好氛围；其次要注重提高自己的服务意识，关注细节服务，掌握整个服务过程中旅客的需求；最后要从服务形象、服务礼仪、服务姿态、服务认识、服务意识、服务技能等方面，不断改进服务工作、提升服务礼仪水平，真正树立列车的品牌形象。

第四节 铁路客运服务质量概念及质量标准

一、铁路客运服务质量概念

铁路客运服务质量是指旅客在乘车过程中对列车乘务人员提供的服务满足旅客规定和潜在的需要程度。

那么，什么是规定需要呢？规定需要主要是指已经在级数规范或者服务规范中做出规定的旅客要求，如在列车到站前，广播应及时通告（乘务员或电子显示屏）站名、到站时刻、停站时间，并提前组织重点旅客到车门口等候下车。

潜在需要是指没有在技术规范或服务规范中做出的规定，但旅客在接受客运服务时实际存在的需要，即旅客只能意会而难以明确表达或不言自明的需要，以及某些特殊旅客的特殊需要，如不经常出门的旅客旅行时需要特别明确的向导服务等。

铁路服务质量，也就是旅客所感知到的质量，始终是我们质量管理的方向。当旅客感知服务质量超出期望时，旅客就会感到惊喜；当旅客感知服务质量与期望相等时旅客也会基本满意；但当旅客感知服务质量低于期望时旅客就会不满意，就是服务失败。

二、旅客列车乘务组服务

旅客列车乘务组是客运部门的基层生产班组。乘务组的建立是按照列车运行图中列车开行对数确定的，主要由客运、车辆、公安和其他部门的乘务人员共同组成，分属不同单位领导，在一个旅客列车上共同担当乘务工作，由列车长统一指挥。

1. 动车组列车

动车组列车乘务组由客运乘务人员、随车机械师、司机、公安乘警、随车保洁员和餐饮服务员组成，简称"六乘人员"。六乘人员必须在列车长的统一领导下（除行车救援指挥外）分工负责，各司其职，共同做好旅客服务工作。

动车组列车客运乘务组由 1 名列车长和 2 名列车员组成。动车组重联时，按两个乘务组安排人员；编组 16 辆的动车组按 1 名列车长和 4 名列车员配备。对运行时间较长的动车组可适当增加客运乘务人员。动车组司机实行单司机值乘制，随车机械师按每组一人配备。其各自职责分工如下。

图 3-10　客运乘务服务

（1）客运乘务人员职责（图 3-10）　动车组列车乘务人员应该能够熟练使用计算机和列车相关设施设备；应该掌握常用英语对话及简单手语，并具有良好的语言文字表达能力和服务技巧。乘务员应当按照相关要求进行岗位培训，经考试合格取得上岗资格，由铁路局统一颁发 CRH 上岗证，持证上岗并应当定期进行脱产培训。其具体岗位职责如下。

① 贯彻执行铁路安全生产及旅客运输规章制度、命令、指示，落实上级布置的各项工作。

② 负责列车客运安全服务设备设施、卫生保洁、整备质量、餐饮供应的检查和"六乘一体"的协调。

③ 负责与司机、随车机械师等岗位保持作业联控，发现设备故障及时反馈给随车机械师处理。

④ 负责办理列车上的客运业务及站车交接，做好旅客服务工作。

⑤ 负责列车非正常情况下实施应急处置，并及时汇报。

⑥ 负责落实"首问首诉负责制"。

课外阅读

车门口"四、五、八"制度

到站前：

一通：通告站名，到、开时间，中转换乘车次、时刻，带好行李不要忘记在车上。

二组：组织旅客提前到车门口等候下车。

三帮：帮助重点旅客拿行李到车门口。

四嘱：嘱托站在车门口的旅客不要挤伤，注意安全。

停车时：

一开：开车门。

二宣：宣传安全注意事项，危险品不能带上车，持站台票的不能上车。

三组：组织旅客有秩序的快上、快下。

四帮：帮助重点旅客上、下车。

五上：铃响脚跟站白线，面对车门，铃止上车（没有铃的车站，旅客上下完了后，由班长吹口笛上车）。

开车后：

一关：车动关门。

二锁：车动锁门。

三检：出站台检查四门锁闭情况，瞭望门外有无爬车者，如有人爬车，应视情况立即采取措施保证安全。

四动：动员上车的旅客进入车内。

五嘱：嘱托未进入车厢的旅客不要脚踏渡板，手扶门缝，防止挤伤。

六安：安排坐席，安放行李。

七整：整理行李架。

八宣：根据情况，做好安全宣传，预报前方停车站及时刻。

（2）随车机械师职责（图 3-11）

① 贯彻执行有关安全生产及旅客运输规章制度、命令、指示，服从列车长指挥，落实上级布置的各项工作。

② 负责监控列车运行中的技术状态，发现故障及时通知司机和列车长，并采取措施妥善处理。

③ 在司机指挥下，参与处理有关行车、列车防护和事故救援等工作。

④ 非正常情况下，协助列车长实施应急预案。

⑤ 负责落实"首问首诉负责制"。

图 3-11 高铁机械师

（3）司机职责（图 3-12）

① 贯彻执行有关安全生产及旅客运输规章制度、命令、指示，服从列车长指挥，落实上级布置的各项工作。

图 3-12　高铁司机

② 负责指挥处理有关行车、列车防护和事故救援等工作；在其他非正常情况下，协助列车长实施应急预案。

③ 列车发生故障时，会同随车机械师按规定程序处理。

④ 负责与调度日常联络，接受、传达上级命令指示。

（4）公安乘警职责（图 3-13）

① 贯彻执行有关安全生产及旅客运输规章制度、命令、指示，服从列车长指挥，落实上级布置的各项工作。

② 负责维护列车治安秩序，保障旅客生命财产安全。

③ 负责列车司机室的安全保卫工作。

④ 非正常情况下，协助列车长实施应急预案。

⑤ 负责落实"首问首诉负责制"。

图 3-13　乘警保安全

（5）餐饮服务人员职责（图 3-14）

① 贯彻执行有关安全生产及旅客运输规章制度、命令、指示，服从列车长指挥，落实上级布置的各项工作。

② 负责餐饮、商品供应，以满足旅客需求；确保饮食安全，做好旅客服务、接待工作。

图 3-14　餐饮服务员

③ 负责餐车区域卫生保洁、设备检查和安全管理。

④ 负责按规定向"六乘人员"供应乘务餐。

⑤ 非正常情况下，协助列车长实施应急预案。

⑥ 负责落实"首问首诉负责制"。

（6）随车保洁人员职责（图 3-15）

① 贯彻执行有关安全生产及旅客运输规章制度、命令、指示，服从列车长指挥，落实上级布置的各项工作。

② 负责列车运行中、折返站的车内卫生保洁和垃圾处理。

图 3-15　高铁保洁员

③ 负责车厢内保洁备品的配置、定位、补充及更换。

④ 非正常情况下，协助列车长实施应急预案。

⑤ 负责落实"首问首诉负责制"。

2. 其他旅客列车

与动车组列车不同的是，一般旅客列车乘务组由客运、车辆、公安三个乘务组组成，称为"三乘"（加挂行李车的还有列车行李员，即为"四乘"）。客运乘务组包括列车长、列车值班员、列车员、广播员、供水员及餐车供应人员；车辆乘务组包括检车员和车电员，其中一人兼任检车组长；公安组一般由两名乘警轮流工作。他们各自职责分工如下。

（1）客运乘务组

① 组织旅客安全乘降，维护正常的运行秩序。

② 查验车票，纠正违章，查堵"三品"（"三品"指易燃、易爆、危禁品），防火防爆，保证列车和旅客、行李包裹的运输安全。

③ 开展优质服务和路风建设，搞好列车饮食供应，保持车厢卫生洁净，车容整洁，文明服务，礼貌待客。

④ 爱护车内各项设备，正确使用和管理好设备、备品，严格交接。

⑤ 加强班组管理和业务培训，健全各项生产管理台账，积极开展"三乘一体"管理和列车治安联防工作。

（2）车辆乘务组

① 按技术作业过程对客车设备进行技术检查，掌握车辆技术动态和故障处理情况。

② 按包乘工作范围整修好车辆上部设备，保证各项设备安全、优质、功能正常。

③ 加强列车运行途中的安全巡视和停站的检查工作，负责列车尾部标志灯的摘挂和维修，参加列车制动机实验。

④ 积极参加列车"三乘一体"管理，协助列车长搞好治安联防和消防工作，维护路风路誉。

（3）公安乘务组

① 依法做好治安管理，维护旅客列车治安秩序，预防和打击犯罪分子的破坏活动，查处各类治安事件，查禁走私、贩卖国家管理物资等非法行为。

② 查缉通缉犯、逃犯，协助公安、安全、司法部门在列车上执行公务。

③ 做好乘车首长、外宾的安全保卫工作。

④ 组织列车工作人员、旅客同自然灾害、治安事件做斗争，协助列车处理各种突发事件。

⑤ 负责所乘列车的消防监督工作，抓好防火、防爆、防盗、防破坏工作，督促乘务人员查堵"三品"，严格警风，维护路风。

⑥ 协助列车长抓好列车治安联防工作。

课外阅读

红星辉映旅途间——全国铁路"优秀共产党员" 昆明铁路局列车员张翠

"翠姐是好样的! 她热爱铁路、踏实工作的精神,视旅客为亲人的真情服务,都值得我们好好学习。 她的事迹让我明白,胸怀大局,把本职工作做到最好就是创先争优。"这是昆明铁路局客运段京昆列车列车长王敏谈到张翠时的一番话。

张翠是昆明客运段渝昆 K1050 次列车渝普二组一名普通的列车员,共产党员,今年 45 岁。 在该段领导和职工心目中,张翠是光芒耀眼的"服务红星",屡获昆明客运段、昆明铁路局"先进生产者"、"优秀共产党员"称号。 2009 年 7 月,张翠被授予全国铁路"优秀共产党员"光荣称号(图 3-16)。

图 3-16 优秀列车员 张翠(右)

细说起来,张翠其实没有做出过什么有重大影响的大事,她只是立足于平凡的工作岗位,用心用情做好每一件小事。 但正是这些平凡的小事,从细节上体现出一个共产党员的先进性和一名铁路职工倾情奉献旅客的情怀。 虽然乘务工作很琐碎,但张翠长年用一颗炽热的心,用一丝不苟、真情耐心、周到细致的服务,不断赢得广大旅客的好评,换来旅客满意的笑容。

"把简单的工作做好,并持之以恒地做下去,就是不简单! 张翠是昆明客运段党员的优秀代表。"说到张翠,该段党委书记田敏这样评价说。

——摘自《昆明铁道报》

三、动车组列车客运服务质量标准

客运服务质量标准与服务质量直接相关。 铁路客运服务是以满足旅客需要为基础的,但由于铁路运输自身的经济技术特征和铁路客运服务产生和消费特点,其内容和形式很难充分考虑到每个旅客的需求特点,而只能是根据市场分析和服务群体的需求,对旅客很关键但是又无法监控的、带有重复性的服务行为实行标准化管理。 以"标准"为依据，可以明确为旅客提供服务质量目标。可以说铁路客运服务质量标准涉及了从服务设计，到服务提供、服务控制；从为旅客提供的服务设备，到服务生产过程中的规章、规范和服务人员的行为规范等方面。这样便于对服务质量的全过程全面管理和控制，进而保证服务质量。

铁路列车是为适应市场需求、满足旅客旅行需求而推出的高端旅客运输产品。其服务理念是"以人为本、旅客至上"，树立安全、快递、便捷、高雅的优质品牌形象。

以动车组列车为例，其客运服务质量标准可以从站务管理、乘务管理、餐饮管理、安全管理、应急管理等来进行规范管理。

课外阅读

《济南铁路局动车组列车旅客运输管理办法》 节选

一、站务管理

（1）车站应采取窗口售票、代售点售票、电话订票、互联网订票、银行卡售票、身份证购票等多种方式，开展售票和订、送票业务，为旅客购票提供方便。

（2）时速300km及以上的客运专线动车组和直通动车组列车不得超员；铁路局管内短途商务座、一等座车不得超员，二等座车最高超员率为20%。

（3）持铁路乘车证的人员乘坐动车组列车时，应实名签证后方可乘车。

（4）要利用客票系统席位复用、公用和剩余能力利用的功能，提高动车组上车率。站车通过列车信息交互系统及时传递乘车人数、席位信息。 配备站车交互系统的可不再递交纸质乘车人数通知单。

（5）车站要严格按照客车实际定员组织发售客票。 中途站预留和中途下车旅客的席位均实行复用，全部票额分阶段在局网上公开发售。

（6）旅客携带品由旅客自行保管。 车站应向旅客公告，发现旅客携带品超过规定时，应劝阻和动员旅客办理托运。 劝阻无效时，可拒绝其上车。

（7）高速铁路车站可设置一等座旅客候车区域，可对一等座旅客提供免费茶水、报纸等服务。 有条件的车站应设置封闭式"贵宾候车区"(英文标示"VIP Lounge")，为候车旅客提供饮料、餐食、休闲食品及引导、行李搬运、专口进站等免费服务。

其他动车组停靠车站，应该设置动车组旅客专用候车区，济南、青岛站应设置动车组旅客专用候车室。 原则上专用候车室（区）要与动车组停靠的站台距离最短。 专用候车室（区）按照软席候车室（区）的标准配置，做到座椅舒适，环境布置文雅艺术，提供不少于两种中外文读物。 专用候车室厕所应配备卫生纸，洗手间应有洗手液（皂）、干手器（擦手巾）。

（8）高速铁路车站应配置客运服务系统（简称客服系统）提高旅客运输工作效率，客服系统由旅服系统和客票系统等组成。 旅服系统通过与列车调度指挥系统、客票系统的网络连接，为旅客进出站、候车、乘降等提供实时、准确的信息和服务。客票系统为旅客提供售票、自动检票等服务。

（9）旅服系统由动态向导、广播、监控、时钟、查询、求助、站台票发售、寄存等子系统组成，通过集成管理平台对各子系统进行操作控制。客票系统由窗口售票、自动售票、自动检票等子系统组成。集成管理平台可对若干车站的旅服系统进行集中操作控制；简易集成管理平台只对本站旅服系统进行操作控制。路局客服综控台负责对京沪高铁车站客服系统信息进行维护和管理。

（10）高速铁路车站应设置自动检票闸机，闸机的数量和布局应当与车站设施设备相协调，有利于划分动车组旅客专用区域和通道并满足旅客快速进出站的需要。使用自动检票闸机的车站应同时留有人工通道。

（11）车站应设置醒目、规范的引导标识，向旅客提供车次、时刻、停靠站台及进出站等引导信息。

（12）高速铁路客运站不发售站台票。同时办理非动车组列车客运业务的车站由站长决定是否发售站台票，但对动车组列车不发售站台票。车站应为行动不便等重点旅客提供进站上车服务。

（13）动车组车门检票由车站负责，通道和站台专用的车站可以不在车门验票。有条件的车站应设置旅客进出站专用通道，站台两端、天桥和地道实施可开启式封闭，防止动车组旅客与其他旅客流线交叉出现对流。

（14）车站应当加强进站通道、作业门管理，及时清理站台，严禁无票、无证人员进站上车。列车开车后，要及时清理站台，保持站台清洁、无障碍、无闲杂人员。

（15）高速铁路车站站台上严禁摆放售货车。其他车站站台上行包、邮件、作业车辆、售货车和其他物品严禁侵入安全限界。站台售货车应于距站台边缘 3m 远定位放置，禁止围堵车门叫卖。

（16）始发站开车前 20min 检票放客(在折返站应留足不少于 7min 的保洁作业时间)，开车前 5min 停止检票；中间站自列车到站前 10min 开始检票放客，开车前 3min 停止检票。停止检票后严禁再放行旅客进入站台。自检票口至最近车门口走行时间与本规定不符的，停止检票时间由车站确定，并纳入车站《客运管理细则》。配备自动检票闸机并有客服系统集中控制的车站，由路局客服总控台集中设置开始、停止检票时间。

（17）检票放客后，车站应制定组织措施，严格落实岗位责任，对进站旅客实施引导，维护站台秩序，组织旅客在登车线处排队等候，严禁侵入安全限界，保证旅客乘降安全。列车关闭车门后，不得再组织旅客上车。

（18）站车交接地点设在随车机械师乘务室所在车厢门口，站车按规定办理客运业务交接。重联时，车站与前列列车长办理交接。

　　二、乘务管理

（1）动车组列车乘务组由列车长、列车员、商务座旅客专职服务员、餐饮服务员以及乘警、随车机械师组成，负责服务旅客、处理票务、列车保洁、餐饮服务、设备维护、列车安保等工作。列车乘务组人员应当各司其职，在为旅客服务上，接受列车长的统一领导。动车组列车在区间被迫停车时，随车机械师、客运乘务组均应听从动车组列车司机指挥，处理有关行车、列车防护和事故救援等事宜。

（2）客运乘务组根据铁路实际需要，采用轮乘或包乘制。客运乘务组由列车长、列车员、餐服员、商务座专职服务员组成。编组8辆的客运乘务组由1名列车长、5名列车员（1人兼任广播员）、3名餐饮服务员（含1名餐车长）组成；重联时，按两个乘务组配备。编组16辆的客运乘务组按1名列车长、8名列车员（1人兼任广播员）、2名商务座专职服务员、3名餐饮服务员（含1名餐车长）组成。乘务担当单位可根据客流实际情况适当调整乘务人员数量和岗位分工，但需保证各项作业内容不简化，服务标准不降低。

（3）乘务前，乘务组成员应向列车长报到。列车长应对各工种人员进行登记。

（4）动车组开关车门应执行以下规定。

① 动车组列车由列车长确认旅客上下完毕后，通知司机关闭车门；列车到站停稳后，司机必须确认对准停车位置后开启车门。按钮不在司机操作台上的，由列车长通知随车机械师关闭车门；列车到站停稳后，由随车机械师开启车门；遇动车组列车在站停车需继续前移时，司机须立即通知随车机械师不得开启车门。如自动开关门装置故障时，由司机通知列车工作人员手动开关车门。

② 动车组出动车段（所）到达始发站后，应将车门保持关闭状态。车站放行旅客前，司机（按钮不在司机室的由随车机械师）根据列车长的通知开门。列车工作人员不得擅自开关车门。

③ CRH5型车餐车上货门仅供餐车售货人员在始发站、折返站补充商品、餐料时使用，不得组织旅客乘降；上货作业完毕后必须立即关闭上货门，并确定锁闭状态良好。

④ 重联动车组关闭车门时，由后列列车长确定本列旅客乘降完毕后，报告前列列车长。报告用语为：后列列车长呼叫前列列车长"×××次后列上下完毕"；前列列车长应答"明白"。前列列车长确认全列旅客乘降完毕后，按规定通知司机或随车机械师关闭车门。

⑤ 动车组列车在中途站停车，单门车厢实行先下后上，双门车厢实行前门下后门上，列车要提前做好宣传引导。

⑥ 途中严格执行查验车票制度，管内动车组运行途中必须查验一次车票，直通动车组不少于一次，验票时在票面标记查验戳记。中途各站开车后根据站车交互系统对上车旅客进行验票。列车应加强商务座和一等车管理，全程实行旅客到站登记制度。

⑦ 运行时间在3h以内的列车，一般只播迎送词、服务设备介绍、安全提示、站名和背景音乐。运行时间超过3h的列车，可在不干扰旅客休息的前提下，适当增加播放内容。

⑧ 列车信息服务及影音播放系统播放的内容由担当客运段负责按规定要求录制，报路局（客运处）审批后执行，动车段负责输入自动广播装置。

⑨ 对在京沪高铁线上运行的商务座车厢旅客提供饮料、餐食、休闲食品、报纸等免费服务。 对一等座旅客提供饮料、报纸等免费服务。

⑩ 列车长出乘除携带电报、客运记录、处理票务等必要的设备和业务资料外，其他纸质资料台账不携带上车。 有条件的列车可配备笔记本电脑，有关规章、台账纳入微机管理。

⑪ 列车长应配备 GSM-R 手持终端和 450MHz 手持电台。 动车组列车始发前，列车长的手持电台均应设置在频道 1(CH1)与随车机械师、乘警或司机进行通话联络。 运行途中，列车长需与列车员通话时，转为各自的专门频道进行通话。 通话完毕，应及时转回频道 1。

⑫ 动车组列车运行中，列车长无需向添乘领导汇报工作。

⑬ 列车多功能室只能用于照顾伤、病旅客，存放少量服务备品，由客运乘务人员管理，其他人员不得占用或改作他用。

三、餐饮管理

（1）列车销售的食品、饮品应当统一采购全国名优产品并应当有"QS"标志。 必须与供应厂家签订供货合同和安全保证书。 所销售食品、饮品的品名、采购价格、销售价格、生产厂家、供货合同等内容必须报路局(客运处)审核备案。

（2）客运段应严格遵守国家卫生法律法规的规定，建立健全食品运输保管、供应服务、商品价格等各环节的管理和考核制度。

（3）列车上销售的食品、饮品和商品必须明码标价，一货一签，价签有"CRH"标记。 餐售人员应将上车食品、商品的出库单交列车长以备检查。

（4）加热后未售出的食品严格实行定时报废制度。 在列车上，报废的食品在未处理前应醒目标明"报废"字样存放。"报废"标志由客运段设计制作。

（5）餐车展示柜布置应当美观丰满，其他商品、备品存放不得侵占通道和影响安全。列车到站、开车时，乘务服务人员应当在餐车门内立岗迎送旅客。

（6）动车组供应的食品、饮品应当品种丰富，价格合理。 客运段应当经常征求旅客对饮食服务的意见，并根据旅客的意见调整供品质、品种，改善服务质量。

（7）餐车应配备足量的发票，主动向旅客提供。

（8）为确保列车服务质量，列车乘务组应全力投入服务工作，有关单位不得下达运输收入、商品经营等经营考核指标。

四、安全管理

（1）列车要通过广播、图形标志、电子显示屏、文字提示等形式，向旅客广泛宣传动车组列车严禁吸烟的规定，列车乘务人员发现旅客吸烟应及时予以制止。

（2）动车组进行卫生清理时严禁用水冲刷车内地板、连接处和车内电器设备。

（3）加强动车组餐车用电器的监督，严禁私自增加电器设备。 动车组运行途中和入所检修时，要重点巡视检查电器插头和插座连接状态，防止电器插头接触不良发热，确保餐车用电安全。

（4）动车组配餐及列车上销售其他食品，应严格遵守食品卫生的相关制度，严禁销售"三无"和腐烂变质食品，严防旅客食物中毒。

（5）列车乘务人员在列车运行中应当注意对列车安全设备的管理，制止搬动、触碰安全设备等不安全行为。严禁任何人在列车正常运行中打开气密窗，禁止任何无关人员进入司机室。

（6）严禁利用动车组装运大宗货物，防止动车组出现的偏载或集重运输。各车厢装载行李物品或餐料食品的集重重量严禁超过 200kg/m²。餐车配置餐茶食品总重量不得超过 500kg，且必须均衡定位摆放，在中途站补充食品总重量自始发站起计算，累计上货重量不超过 500kg，超过时要分站分批装载。

五、应急管理

（1）列车设备发生故障时，列车乘务员应及时通知随车机械师处理。车门发生故障时，应立即采取临时安全防护措施并通知机械师处理，车门紧急解锁拉手使用后，必须复位并通知随车机械师。

（2）动车组空调装置故障时应按照《铁路局旅客列车空调失效应急处置办法》及时报告，妥善处理。

（3）列车运行晚点超过 15min 时，列车长应了解晚点原因并按照晚点处置有关规定，向旅客说明情况，做好安全宣传，向旅客致歉。

（4）列车运行中发生火灾爆炸时，列车乘务人员应当立即使用紧急火灾按钮（或紧急停车手柄）按规定程序停车处理，并将旅客疏散到安全车厢，有防火隔断门的，应当关闭防火隔断门，并将情况通报司机及列车长、乘警，司机和列车长应当迅速启动应急预案。

（5）列车晚点 1h 以上并逢用餐时间时，在车站候车的旅客由车站免费为旅客供餐。在列车上逢用餐时间的，列车长要将列车车内人数向调度部门报告。

（6）动车组停车站接到准备免费供餐调度命令后，必须及时按列车需求准备好免费供餐食品，送达动车组列车，并与列车长签字交接。动车组列车乘务人员负责向旅客发放免费供餐食品。动车组停车站要建立晚点列车应急处置预案，与当地餐饮供应单位签订紧急供应协议，保证餐饮及时供应。

（7）应向旅客免费供应饼干、面包、火腿肠、带包装的卤蛋等不易撒落的食品，不得提供方便面、盒饭等食品。供应食品应符合《食品卫生法》的要求，不得提供变质和"三无"食品。

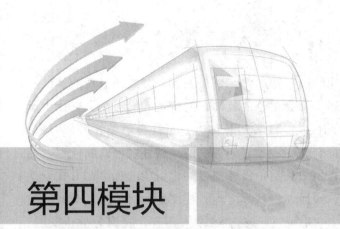

第四模块

Chapter 4

列车服务礼仪
——亲情服务 温暖您心

学习目标

（1）了解服务礼仪和列车客运服务礼仪；

（2）掌握铁路客运服务沟通技巧；

（3）能够把列车服务礼仪与服务技巧运用到工作中；

（4）树立良好的职业素养，激发学生学习兴趣。

【引言】中国素有"礼仪之邦"的美称，中华民族上下五千年的礼仪源远流长，博大精深。我国古代的著名思想家、教育家、儒家代表人物之一的荀子说过："人无礼则不生，事无礼则不成，国无礼则不宁。"礼仪在人际交往中，是以一定的、约定俗成的程序方式来表现的律己、敬人的手段和过程。礼仪在许多方面起着举足轻重的作用，涉及仪容、仪表、服饰、言谈、举止、交往、沟通、商务等诸多方面的内容。

第一节　列车客运服务礼仪概述

你知道吗?

1. 你知道"孔融让梨"的故事吗？

2. 你知道礼仪在人际交往中所起到的作用吗？

3. 说出你在日常生活中发生的有关礼仪方面的小故事。

一、服务礼仪

礼仪是我们在现代社会人际交往中，以一定的约定俗成的程序方式来表现的律己敬人的过程。礼仪是精神文明的象征，属于社会道德的范畴。礼仪是人们在社会交往中形成的行为规范与准则，是礼貌、礼节、仪式、仪表的总称。它是社会道德、风俗习俗、宗教信仰等方面人们的行为规范，是社会文明道德修养程度的一种外在形式的体现。礼仪不是任何人随随便便制定的，它是在历史长河中慢慢地以约定俗成的程序、方式表现律己、敬人的过程，涉及穿着、交往、沟通、情商等内容。礼仪是一门学问，有特定的要求。在家庭、学校和各类公共场所，礼仪无处不在。就个人而言，表现为举止文明、动作优雅、姿态潇洒、手势得当、表情自然、仪表端庄等。人类社会要发展就必须弘扬、推行、传承礼仪，这是因为礼仪具有重要的社会交往功能和调剂人际关系功能，它既有助于个人的发展，又有助于社会的和谐稳定。如图4-1所示。

图 4-1　服务礼仪

二、列车客运服务礼仪

铁路客运服务礼仪，主要指的是铁路车站的工作人员、列车员在服务工作中向旅客们表示敬意的一种仪式，是服务工作中形成的得到共同认可的礼貌、礼节和仪式的总和，是列车客运工作人员必须遵守的服务行为规范。准确掌握服务礼仪，礼貌待客，是做好铁路客运服务工作的先决条件。礼仪礼貌，不仅是服务人员的工作需要，也是个人文化修养的直接表现。如图4-2所示。

列车中的客运服务礼仪，主要指的是在列车服务的过程中，当旅客从 A 地到 B 地产生位移时，通过乘务员服务、列车硬件设施、软件设施之间的配合，最大程度的满足旅客利益和需求的实质。

铁路旅客运输服务礼仪是一种与旅客交往过程中所应具有的相互尊重、互相亲善和友好的行为规范和艺术，是"以客为尊、以人为本"理念的具体体现，也是铁路优质服

图 4-2　铁路客运服务礼仪

务的重要组成部分。

目前，随着我国国民经济的飞速发展和国内国际之间人员交流的不断扩大，乘坐高铁越来越方便，旅客运输量呈全面快速增长的态势。铁路、民航、公路、水路运输对客运目标市场的争夺越来越激烈，在长途、中途、短途旅客运输中出现互相渗透的迹象和趋势。

对广大铁路客运服务人员来讲，文明、规范、优雅的服务礼仪能够展示客运员工的外在美和内在修养，能够更容易拉近与旅客的距离，提高旅客的满意度和忠诚度，提升铁路的企业形象，实现铁路优质服务品牌的增值。

第二节　列车客运人员仪容仪表规范

你知道吗?

1. 生活中仪容仪表能够起到哪些作用?
2. 说出你在日常生活中发生的有关仪容仪表方面的小故事。

在日常生活中，人们的仪容仪表非常重要，它反映出一个人的精神状态和礼仪素养，是人们交往中的"第一形象"。天生丽质、英俊潇洒、风仪秀整的人毕竟是少数，然而我们却可以靠化妆修饰、发式造型、着装佩饰等手段，弥补和掩盖在容貌、形体等方面的不足，并在视觉上把自身较美的方面展露、衬托和强调出来，使形象得以美化。

一、着装

俗话说："人靠衣服马靠鞍"，"三分长相，七分打扮"，着装对一个人的外形起着举足轻重的作用。什么是着装呢? 着装就是指一个人在社交场合的穿衣打扮，它对人们的工作很重要，因为它对我们的事业的成败起着至关重要的作用，也可以决定我们心情的好坏。在现代社会，着装已经成为了一种文化，蕴含着极其丰富的个人信息。正确的着装，反映了我们每个人不同的品味、不同的职业和文化素养、不同的年龄、不同的民族和不同的婚姻状况，也可以让我们更加自信，让生活更加惬意，也让自己在事业中游刃有余。下面分别讲解女性客运人员和男性客运人员的着装要求。

1. 女性客运人员

女性客运人员着装要求如图 4-3 所示。

图 4-3　女性客运人员着装要求

（1）基本要求

① 衣着合体，不得随意改变制服款式。

② 制服应洗净，熨烫平整，无污渍、斑点、皱褶、脱线、缺扣、残破、毛边等现象。

③ 制服上不得佩戴任何饰物；着制服当班时，必须佩戴职务标志。

④ 在非工作时间，除集体活动外，不得穿制服出入公共场合和乘坐列车。

（2）夏装着装要求

① 连裤袜的颜色应统一为肉色或浅灰色，不得出现破洞和抽丝等现象。

② 统一佩戴领花或丝巾。

③ 制服上装每天都需水洗。

④ 不得将笔插放在衣兜里。

（3）春秋装、冬装着装要求

① 外套、上衣、裙子、裤子的纽扣和拉链等应扣好、拉紧。

② 统一佩戴领花或丝巾；衬衣应束在裙子或裤子内，衬衣的衣袖不得卷起。

③ 着裤装时，必须干净、平整、有裤线，不可有光亮感。

④ 穿着外套、风衣、大衣时，须扣好纽扣，系好腰带。

⑤ 不得将笔插在衣服前襟。

（4）穿着围裙要求

① 穿着围裙的时间为餐饮服务之前；脱围裙的时间为收完食品包装物后。乘务组穿、脱围裙的时间必须一致。

② 保证围裙干净、平整、整齐，穿戴完毕后应互相整理。

③ 围裙结一律系成蝴蝶结状。

（5）佩戴职务标志要求

① 穿着制服时，客运人员应佩戴职务标志。

② 职务标志应别于左胸上方，与上衣第二颗纽扣平行。佩戴臂章时，臂章上缘应当于左袖肩下四指处。

③ 穿着围裙时，不可将职务标志佩戴在围裙上。

2. 男性客运人员

（1）基本要求

① 衣着合体，不得随意改变制服款式。

② 制服应洗净，熨烫平整，无污渍、斑点、皱褶、脱线、缺扣、残破、毛边等现象。

③ 制服上不得佩戴任何饰物；着制服当班时，必须佩戴职务标志。

④ 袜子的颜色应统一为深蓝色或黑色。

⑤ 在非工作时间，除集体活动外，不得穿制服出入公共场合和乘坐列车。

（2）夏装着装要求

① 统一佩戴领带，衣领上的扣环必须扣好，上衣应束于裤内。

② 裤子必须保持干净、平整、有裤线，不可有光亮感。

③ 制服每天必须清洗。

（3）春秋装、冬装着装要求

① 袜子的颜色应统一为黑色或深蓝色，每天更换。

② 外套、上衣、裤子的纽扣和拉链等应扣好、拉紧。

③ 统一佩戴领带，衬衣应束于裤内，衬衣的衣袖不得卷起。

④ 穿着风衣、大衣时，须扣好纽扣，系好腰带。

⑤ 穿着外套、风衣、大衣时，必须戴工作帽。但在车厢、室内时可不戴。

（4）佩戴职务标志要求

① 穿着制服时，客运人员应佩戴职务徽章。

② 徽章应别于左胸上方，与上衣第二颗纽扣平行。

二、发型

发型是指头发的长度、颜色和形状，是肉眼所能观察到的，一般分为 5 种类型，即直发、波发、卷发、羊毛状卷发及小螺旋形发。但列车客运人员的发型、发色、发长等有着严格的要求。

1. 女性客运人员

（1）每天保持干净，有光泽，无头皮屑。

（2）短发最短不得短于两寸，长发最长不得超过衣领底线，刘海应保持在眉毛上方，禁止理奇异发型。

（3）任何一种发型都应梳理整齐，使用发胶、摩丝定型，不得有蓬乱的感觉。

（4）头发应保持黑色或自然棕黄色，不得使用假发套。

（5）发夹、发箍、头花应为无饰物黑色。

2. 男性客运人员

（1）每天保持干净、有光泽、无头皮屑。

（2）发型要修剪得体，轮廓分明，头发应梳理整齐，使用发胶、摩丝等定型，不得有蓬乱的感觉。

（3）头发两侧鬓角不得长于耳垂底部，发长前面不遮盖眼睛，后部不长于衬衣领。

（4）不得剃光头、烫发和剪板寸头。

（5）头发应保持黑色或自然棕黄色，不得使用假发套。

三、化妆

化妆，是运用化妆工具和化妆品，采取合乎规则的步骤和技巧，对人体的面部、五官及其他部位进行渲染、描画、整理，增强立体印象，调整形色，掩饰缺陷，表现神采，从而达到美化视觉感受的目的。化妆，能表现出人物独有自然美；能改善人物原有的"形"、"色"、"质"，增添美感和魅力；能作为一种艺术形式，呈现一场视觉盛宴，表达一种感受。列车客运服务人员的化妆有着特定的要求。

1. 女性客运人员

（1）上班前，必须按照标准化淡妆，工作中还应注意及时补妆，补妆应在洗手间或乘务间进行，不能面对乘客补妆。

（2）唇线的颜色应与口红颜色一致，不得使用珠光色口红和不健康颜色的口红。

（3）眉毛的颜色应接近头发颜色，应修剪秀丽、整齐，眉笔应使用黑色、深棕色。

（4）眼影颜色与制服颜色一致。

（5）眼线应使用黑色、深棕色。

（6）香水以清香、淡雅型香水为限，不可过香、过浓。可喷口香剂保持口气清新。

（7）双手保持清洁健康，指甲修剪得整齐美观，指甲保持肉色，可涂透明色指甲油，但不得有脱落现象。涂色指甲长度不超过手指尖 3mm，不涂指甲不超过 2mm，手指甲长度应保持一致。

2. 男性客运人员

（1）不得留胡须，包括小胡子和络腮胡。

（2）双手要保持清洁健康，手指不得有抽烟留下的熏黄痕迹，指甲应保持清洁，修剪整齐，无凹凸不平的边角，长度不超过手指尖 2mm。

（3）工作中始终保持手和面部的清洁卫生。

（4）可喷口香剂保持口气清新。

四、皮鞋

皮鞋款式应简洁朴素，不得有任何装饰物，保持光亮无破损。男士的皮鞋、腰带和包必须是同一颜色。无论是女士皮鞋还是男士皮鞋，以黑色为主。女士皮鞋必须是 3～5cm 的半粗跟。

五、饰物

（1）必须戴走时准确的手表，手表款式、颜色简单不夸张，宽度不得超过 2cm，不得系挂怀表。

（2）只可戴一枚设计简单的金、银或宝石钻戒。

（3）女性客运人员只戴一副样式和形式保守的金、银质或镶嵌物直径不超过 3mm 的耳钉，不得佩戴耳环、耳坠等。

（4）男性客运人员不准佩戴任何饰物。

戴首饰的三原则如下。

1. 合乎惯例

戒指的佩戴要符合国际惯例，一般不把戒指戴在大拇指上，如戴即表示正在寻觅对象；戴在食指上表示想向自己所爱的人求婚；戴在中指上表示已订婚或已有对象；戴在无名指上表示已订婚或已结婚，且男士戴在左手无名指上，女士戴在右手无名指上；戴在小拇指上表示独身主义或已离婚但不想找对象。有人用更简单的"追、求、订、婚、离"五个字说明将戒指分别戴在 5 个手指上的含义和暗示。已婚人士一定要戴戒指。

2. 同质同色

所戴首饰在质地上要求一致。例如，戒指、耳环和项链必须都是黄金、白金、白银、玛瑙等；原则上在色彩方面要力求同一颜色，若同时佩戴两件或三件首饰，应使其色彩一致。戴镶嵌首饰时，应使其主色调保持一致。佩戴首饰时，应充分正视自身的形体特征，使首饰的佩戴为自己扬长避短。所戴首饰要与季节相符合。金色、深色首饰适于冷季佩戴，银色、艳丽颜色的首饰则适合暖季佩戴。

3. 以少为佳

戴首饰时，在数量上以少为佳，总量上不超过三种，除耳环外，同类首饰的佩戴不宜超过一件。

另外，首饰能够传递许多信息。佩戴首饰时，要符合本人的身份，与自己的经济收入、性格、性别、年龄、民族、职业、体型特征相一致。高档饰物多适用于隆重的、高档次的商务社交场合，不宜在工作、休闲时佩戴。一些特殊的职业和特殊的场合，最好能佩戴适合自己职业个性和品位的个性化首饰。对于职业女性来说，职业装的配饰限制可能较多，不过花一点心思选择适合自己风格的珠宝首饰，更能显出你与众不同的气质。比如，为了突破职业装色彩的单调，可以在胸前、发际以及项链上搭配一些色彩生动的有色宝石，折射出女性的生机和美丽。

第三节　列车客运人员服务语言规范

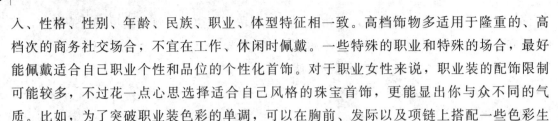

你知道吗？

1. 什么是第一印象？
2. 第一印象的内容有哪些？
3. 怎样才能给旅客留下良好的第一印象？

列车客运人员在工作中要与各种各样的旅客打交道，语言服务的规范性显得尤为重要。语言表达既是一种技能和艺术，也是一个人精神面貌的体现。作为客运人员在服务过程中，既要语言规范，也要开朗、热情，让人感觉随和亲切，平易近人，也能够体现一个人的修养。

在平时的工作和生活中，往往有很多人总是担心自己没有出众的言谈举止来打动大家，吸引别人的眼球，以至于造成精神上的紧张不安，使表情、动作都变得十分僵硬，这都是不恰当的自尊心太强造成的。因此，应放松心情，保持自己的既有特点，而不要故意矫揉造作。有的人在登台"亮相"时昂首阔步，气势逼人，在跟别人握手时像钳子般有力，跟人谈话时死死盯住对方……这样故作姿态，不仅会令别人感觉难受，连自己也觉得别扭，客运工作人员更应该避免。下面介绍列车客运人员应有的言谈举止。

一、与旅客谈话、服务的方式

1. 基本要求

（1）与旅客交谈时，要面对对方，保持适当距离（45～100cm）。

（2）站姿端正，可采取稍弯腰或下蹲等动作来调节身体的姿态和高度。

（3）目光要注视对方的眼睛，以示尊敬。

（4）要注意听取对方的谈话，不可东张西望。

（5）口齿清楚、语气温和、用词文雅、简洁适中、诚恳态度，给对方以体贴信赖感。

（6）如果不得已需要打断旅客说话时，应等对方讲完一句话后，先说"对不起，打搅一下"，再进行说明情况。

（7）无意碰撞或影响了旅客，应表示歉意，取得对方谅解。

（8）遇到经常乘坐列车的旅客，应主动打招呼问候，表示欢迎。

（9）为旅客发送物品时，应主动介绍名称，严格遵循发放原则：先左后右、先里后外、先宾后主、先女后男。

（10）对旅客提出的合理要求，应尽量满足，不能做到时，应耐心解释。

（11）应允旅客的事情，一定要落实，要言而有信。

（12）不打听旅客的隐私，特别是外国旅客的年龄（多为女宾）、薪金收入、衣饰价格等。

（13）尊重客人的生活习惯和风俗习惯。

（14）未经过旅客的同意，不能擅自闯入客人的卧铺间。

（15）拿物品给客人不能"扔"，而是一定要"递"。

2. 有助于表现专业形象的说话方式

声音柔和而清晰并具有亲和感；语言简单明了；语速快慢适当；音量高低适中；不说话时做其他事情；特殊情况下可使用方言。

3. 不应有的说话方式

（1）声音使人感觉粗俗刺耳。声音太大或太小。声音慵懒倦怠。呼吸声音过大，使人感到局促不安和犹豫。鼻音过重。

（2）口齿不清，语言含糊，令人难以理解。语速过慢，使人感觉烦闷；语速过快，使人思维无法跟上。

（3）语言平淡，气氛沉闷。使用过于专业的术语。使用责备的口吻甚至粗鲁的语音。

（4）随意打断旅客的说话。表现出厌烦的情绪和神色，边走边讲或不断地看手表。手放到口袋里或双臂抱在胸前。手扶座椅靠背或坐在扶手上。

（5）谈论与工作无关的事情。与旅客嬉笑玩闹，对旅客评头论足。

（6）无论什么原因，无论在什么条件下，客运人员都不能挖苦和辱骂旅客。

（7）客运人员禁止大声喧哗、高声谈笑、打电话、上网聊天等。

二、其他

（1）列车客运人员常用语

① 同志/老大爷（大爷）/老大娘（大娘）/先生/女士/同学/小同学/小朋友。

② 旅客们/这位旅客/各位旅客。

③ 你好，谢谢。

④ 谢谢你的配合/支持。

⑤ 请您听我解释。

⑥ 你有什么困难，请告诉我/请讲。

⑦ 请原谅/请稍候/请不要客气。

⑧ 请您多提意见/请您出示车票。

⑨ 请您走好/祝您一路平安。

⑩ 请大家排好队，按顺序进站（上车）。

⑪ 请您先过/请您拿好。

⑫ 不客气/不用谢。

⑬ 谢谢你的夸奖，这是我们应该做的。

⑭ 打扰您了/麻烦您了。

⑮ 对不起，请让一下（借光、劳驾）。

⑯ 请不要在车厢内吸烟/请您到通过台吸烟。

⑰ 请把吃剩的果皮放在果盘里好吗？谢谢！

⑱ 对不起，请您站起来给这位旅客让个座，谢谢！

⑲ 请您几位说话声音小一些好吗？以免影响其他旅客休息，谢谢！

⑳ 您是找卫生间（洗脸间）吗？请跟我来！

㉑ 打开水请注意安全，让我来帮忙！

㉒ 对不起，夜间不能到卧铺车厢会客，如有急事，我可以帮您。

㉓ 对不起，衣帽钩是挂衣服和帽子的，请您把提包拿下来好吗？谢谢！

㉔ 对不起，您的小孩已经超高，按规定应补小孩票。

㉕ 对不起，您携带的行李已经超重，请您补票。

㉖ 对不起，您的减价票不符合规定，请补办差价手续。

㉗ 对不起，车上水箱容量有限，请大家节约用水。

㉘ 对不起，空调（电暖气、茶水炉）可能出现故障，我马上通知检车人员维修，请稍等。

㉙ 对不起，打扰您了，请出示车票（卧铺牌），谢谢！

㉚ 对不起，由于线路施工，本次列车晚点××min，耽误大家的时间，十分抱歉！

㉛ 对不起，由于正值春运（暑运、黄金周）期间，旅客较多，列车已处于超员状态，请大家互相关照一下，谢谢！

㉜ 很抱歉，我们马上改正（改进）。

㉝ 请您不要将手放在门框上，以免挤伤。

㉞ 请您抬抬脚，别碰脏了您。

㉟ 请您到十三号车厢列车办公席办理补票手续。

㊱ 对不起，我没听清楚，请您再说一遍。

㊲ 对不起，请按顺序来。

㊳ 请您看管好自己的物品，以免发生意外。

㉟ 请您协助我们保持好车内卫生，谢谢。

㊀ 您有什么困难，请不要着急，我们尽力帮您解决。

㊁ 请放心，我们一定尽力帮您解决。

㊂ 请您看好小朋友，以免碰伤（摔伤）。

㊃ 列车马上进入隧道，请在座位坐好，注意安全。

㊄ 对不起，按照规定我们要对您携带的物品进行"三品"检查，请您配合，谢谢！

㊅ 对不起，乘坐旅客列车严禁携带危险品，我们将对您携带的危险品予以没收，请您配合。

㊆ 再见！欢迎您下次旅行再乘我们的列车。

（2）时刻注意自己的仪容、仪表、举止、言谈。

（3）在开始工作前 45min，不能食用大蒜、大葱和韭菜等有强烈刺激性气味的食品。保持牙齿清洁，口气清新，在岗期间不准嚼食口香糖。

（4）不在公共场合所修指甲、挖鼻孔、剔牙齿、掏耳朵、伸懒腰、挠痒痒、打哈欠等。不能用单个手指指人；不能在大庭广众之下脱鞋；不能对着人咳嗽，咳嗽时应用手帕捂住嘴。

（5）不随地吐痰，乱扔杂物。

（6）不大声喧哗、谈笑和影响他人。不在旅客前面接打手机。在公共场所接打电话时，声音不宜过大。

（7）打喷嚏和打哈欠时要用手捂住口鼻，面向一旁，避免发出响声。

（8）离开公寓时，应整理房间，保持整洁。

（9）进入餐厅时，不将手提包或衣、帽等放在餐桌上；不可穿拖鞋、着睡衣进入餐厅。就餐时要坐姿端正；咀嚼食物要慢，不发出声音。

三、铁路服务忌语

① 嘿！

② 老头儿。

③ 大兵。

④ 土老帽儿。

⑤ 老黑。

⑥ 你吃饱了撑的啊。

⑦ 谁让你不看着点儿。

⑧ 嫌车慢，别坐呀。

⑨ 问别人去。

⑩ 听见没有，长耳朵干吗使的。

⑪ 怕挤啊，打的不挤，啰嗦什么，赶紧下吧。

⑫ 瞧着瞧着，找死啊。

⑬ 我就这态度！

⑭ 有能耐你告去，随便告哪都不怕。

⑮ 有完没完。

⑯ 到底要不要，想好了没有。

⑰ 喊什么，等会儿。

⑱ 没看我正忙着吗，着什么急。

⑲ 交钱，快点。

⑳ 我解决不了，愿找谁找谁去。

㉑ 不知道。

㉒ 刚才和你说过了，怎么还问？

㉓ 靠边点儿。

㉔ 没钱找，等着。

㉕ 有意见，找领导去。

㉖ 到点了，你快点儿。

㉗ 你问我，我问谁。

㉘ 瞎叫什么，没看见我在吃饭。

㉙ 管不着。

㉚ 我不管，少问我。

㉛ 不是告诉你了吗，怎么还不明白。

㉜ 没零钱找，自己出去换去。

㉝ 挤什么挤。

㉞ 别啰嗦，快点讲。

㉟ 现在才说，早干吗来着。

㊱ 越忙越乱，真烦人。

㊲ 怎么不提前准备好。

㊳ 我有什么办法，又不是我让它坏的。

㊴ 别装糊涂。

㊵ 后面等着去。

㊶ 你看你吃了一地，在家也这样到处扔吗？

㊷ 硬席票不能去卧铺车厢，不知道吗？

㊸ 快点！快点！锁厕所了。

㊹ 声音小点，这么不自觉，没看见别人都睡觉了吗？

㊺ 这是车站的事，跟我没有关系。

㊻ 喊了好几遍了，你听不见吗？

㊼ 买不起票就别坐车。

㊽ 这车是拉人的，又不是货车，带这么多东西，你怎么不把家搬来？

㊾ 挤什么挤，掉下去你负责呀？

㊿ 告诉你没有卧铺票了，怎么还问，这么麻烦。

(51) 这都是车站卖的，找车站去。

第四节 列车客运人员姿态礼仪规范

你知道吗？

1. 姿态礼仪的重要性表现在哪些方面？
2. 礼仪和道德有什么联系？
3. 说出你在日常生活中发生的有关姿态礼仪方面的小故事。

礼仪是人类为维系社会正常生活而要求人们共同遵守的最起码的道德规范，它是人们在长期共同生活和相互交往中逐渐形成，并且以风俗、习惯和传统等方式固定下来。对一个人来说，礼仪是一个人的思想道德水平、文化修养、交际能力的外在表现，对一个社会来说，礼仪是一个国家社会文明程度、道德风尚和生活习惯的反映。重视、开展礼仪教育已成为道德实践的一个重要内容。

姿态又称体姿、仪态。不同的姿态显示人们不同的精神状态。用优美的姿态表达礼仪，比用语言更让受礼者感到真实、美好和生动。人们的形体姿态包括立、坐、行的姿势和手势、面部表情及相应的动作等。“站如松、坐如钟、行如风、卧如弓”，这是我国古人对人体姿势的要求。从现代礼仪角度来考虑，也必须刻意训练自己的立姿、坐姿和走姿等。

一、站姿

站姿是生活静态造型的动作，优美而典雅的造型是优雅举止的基础。

基本要求：挺胸收腹，双肩下沉，颈部正直，收下颌，身体自然挺直，面带微笑。正确的站姿如图 4-4 所示。

① 头正，双目平视，嘴唇微闭，下颌微收，面容平和自然。

② 双肩放松，稍向下沉，人体有向上的感觉。

③ 躯干挺直，做到挺胸、收腹、立腰。

④ 双臂自然下垂于身体两侧，中指贴拢裤缝。

⑤ 双腿立直，并拢，脚跟相靠，两脚成 60°。

女性客运人员：双脚并拢右脚略向后，脚尖分开成“丁”字形，双手四指并拢，交

图 4-4　站姿

叉相握，右手叠放在左手之上，自然垂于腹前。

男性客运人员：双脚分开与肩同宽，脚尖略向外张，双手放在身后，左手半握拳，右手握左手手腕处。

在非正式场合下，如果累了可以适当调节一下姿态，如可以将一条腿向前跨半步或是向后撤半步，身体中心轮流放在两条腿上；或是轻轻倚靠在某物上，但不可以东倒西歪。如果这些姿态掌握得体，则既可防止疲劳，又不失风度美。

正确健美的站姿会给人以挺拔笔直、舒展俊美、庄重大方、精力充沛、信心十足、积极向上的印象。站立时不要过于随便，不要探脖、塌腰、耸肩、双腿弯曲或不停地颤抖，在庄重场合，双手不可放在衣兜里或插在腰间，这些站姿会给人留下不良印象。

二、坐姿

坐姿是仪态的主要内容之一，生活中伏案学习、参加会议、会客交谈、娱乐休息都离不开坐。坐，作为一种姿态，同样有美与丑、优雅与粗俗之分，正确的坐姿要求端正、舒展、大方。正确的坐姿如下。

① 人坐时要轻要稳。走到座位前，转身后轻稳地坐下。女子入座时，若是裙装，应用手将裙稍稍动一下，不要坐下后再站起来整理衣服。

② 嘴唇微闭，下颌微收，面容平和自然。

③ 双肩平正放松，两臂自然弯曲放在腿上，亦可以放在椅子或是沙发扶手上，掌心向下。

④ 坐在椅子上，要立腰、挺胸，上体自然挺直。

⑤ 双膝自然并拢，双腿正放或侧放，双腿并拢或交叠（男士坐时可略分开）。

⑥ 坐在椅子上，应至少坐满椅子的 2/3，脊背轻靠椅背。

⑦ 离座时，要自然稳当，右脚向后收半步，而后站起。

⑧ 谈话时可以有所侧重，此时上体与腿同时转向一侧。

这里介绍以下三种坐姿。

① 双腿并拢，上体挺直，坐正，两脚略向前伸，两手分别放在双膝上。如图 4-5 所示。

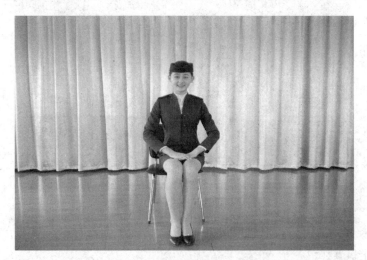

图 4-5 坐姿（1）

② 女士坐姿。坐正，上身挺直，两腿并拢，两脚同时向左放或向右放，两手叠放，置于左腿或右腿上。如图 4-6 所示。

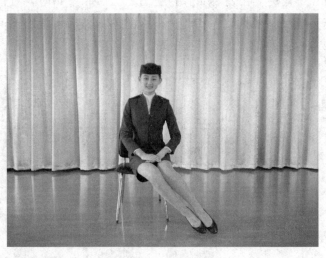

图 4-6 坐姿（2）

③ 女士坐姿。身体坐正，上身挺直，两腿并拢，两脚交叉，置于一侧，两手叠放，置于左腿或右腿上。如图 4-7 所示。

基本要求：入座前，腿与座椅应有 30cm 的距离；就座后，上身挺直，略向前倾，不得斜肩、倾背、抱胸、曲腰或闭目；不得打趣、玩笑和直接面对旅客整理个人仪容仪表，注意保持专业化坐姿和良好的精神面貌。

女性客运人员：右手轻抚后裙摆（手心向上），左手自然放在身体一侧，坐下后右脚略向前移，左脚跟上，双膝、双脚略分开，膝关节分开与之同宽，双手五指伸直或握拳放在双腿之上。

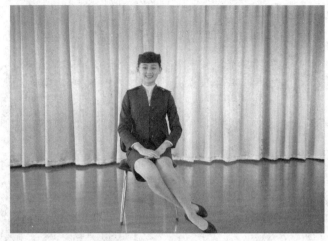

图 4-7 坐姿（3）

男性客运人员：坐下后，双脚略分开，膝关节分开与之同宽，双手五指伸直或轻握拳放在双腿之上。

三、蹲姿

列车乘务人员在下蹲时，上身尽量保持挺直、立腰；下蹲时，右脚退后一小步，如女士穿裙装，应当手拢一下裙摆，左膝盖稍向内侧斜，然后缓缓蹲下，实行两膝高低不一致的半蹲式；起身收回右脚。如图 4-8 所示。

图 4-8 蹲姿

四、行走

基本要求：挺胸收腹，颈部正直，目视前方，身体自然挺直，双臂自然摆动，双脚内侧在同一直线上行走，不左右摆动，脚步不可过重、过大、过急（除特殊情况外）。如图 4-9 所示。

图 4-9 行走

① 女性客运人员在旅客周围巡视时，双手可自然相握，抬至腰间。

② 行走要礼让，与旅客走对面时要主动停下，伸手示意让路，不与旅客抢道、并行。

③ 客运人员集体进出站车时，要列队行走，女性在前，男性在后，列车长或客运值班员在队列左侧中后部同步行走。

④ 携带箱包行走时，拎包或拉箱时应队列整齐、步伐统一，箱应在同一侧。

五、收拾物品

在较低位置取拾物品时，不得弯腰，必须下蹲。

下蹲时，一腿在前一腿在后，双腿并拢，腿高一侧的手轻抚在膝盖上，腿低一侧的手用来取拾物品，背部尽量保持自然挺直，轻蹲轻起，直蹲直起。如图 4-10 所示。

图 4-10 收拾物品

六、上举

要求：手臂上举时要做到姿态优雅；必要时，可踮起脚跟以增加身体的高度。

七、鞠躬

鞠躬，意思是弯身行礼，是表示对他人敬重的一种郑重礼节。在我国，鞠躬常用于下级向上级、学生向老师、晚辈向长辈表达由衷的敬意。亦常用于服务人员向宾客致意。有时还用于向他人表达深深的感激之情。

鞠躬时应面带微笑，双脚并拢，脚尖略分开，双手四指并拢，交叉相握，右手叠放在左手之上，自然垂于胸前，身体向前，腰部下弯，头、颈、背自然成一条直线，上身抬起时，要比向下弯时稍慢些；视线随着身体的移动而移动，视线的顺序是：旅客的眼睛—脚—眼睛。

（1）迎送客时和行还礼时，身体鞠躬为30°。

（2）给旅客道歉时，身体鞠躬为45°。鞠躬时的礼仪如图4-11所示。

① 一般情况下，鞠躬时必须脱下帽子，因戴帽鞠躬是不礼貌的。

② 鞠躬时目光应该向下看，表示一种谦恭的态度，不可以一面鞠躬一面翻起眼睛看着对方。

③ 鞠躬时，嘴里不能吃东西或叼着香烟。

④ 鞠躬礼毕直起身时，双眼应该有礼貌地注视着对方，如果视线移向别处，即使行了鞠躬礼，也不会让人感到是诚心诚意的。

图4-11　鞠躬

八、指示方位

指示方位时应五指并拢，小臂带动大臂，根据指示距离的远近调整手臂的高度，身体随手的方向自然转动，目光与所指示的方向一致，收回时，小臂向身体内侧略成弧线自然收回，切忌用单个手指指示方位。如图 4-12 所示。

图 4-12　指示方位

九、面部表情

列车客运人员接待旅客一定要面带微笑，微笑可以感染旅客，微笑可以激发热情，微笑传达这样的信息：见到你我很高兴，我愿意为你服务。

微笑服务要始终贯穿在旅客服务的全过程中。对于微笑的具体要求，应该掌握以下几个要点。

（1）微笑时应沉着冷静、表情含蓄、得体大方。

（2）提倡的几种微笑：眼中含笑，用心微笑、健康的笑、阳光般灿烂的笑。

（3）声情并茂的笑：笑的时候，应当做到表里如一，令笑容与自己的举止、谈吐相辅相成，锦上添花。

（4）气质优雅的笑：不仅要讲究笑的适时、尽兴，而且更要讲究笑时要精神饱满，气质典雅。

（5）表现和谐的笑：笑的时候，要使各个部位运动到位，不温不火，避免笑得勉强、做作、失真。

在微笑服务的同时，列车客运乘务人员的面部表情要做到亲切自然，与旅客有目光接触时要做到目光友善、和蔼可亲。微笑时，嘴角微翘，嘴唇微启，表情真诚、自然。女性客运人员的微笑要甜美，男性客运人员的微笑要亲切。如图 4-13 所示。

十、端拿递送

列车客运人员服务时面带微笑，和旅客有适当的语言交流和眼神交流。

图 4-13　面部表情

（1）端托盘时，双手端住托盘的后半部分，大拇指紧握托盘内沿，其余四指托住托盘底部；托盘的高度应在腰间以上胸部以下，托盘端平，微向里倾斜；托盘上放置的物品不应过高，以不超过胸部为宜。如图 4-14 所示。

图 4-14　端托盘

（2）拿东西时，应轻拿轻放。拿水杯时，应该右手握住水杯把（无把水杯应拿水杯的下 1/3 处），左手五指并拢，轻轻托住水杯的底部。如图 4-15 所示。

（3）递送东西时，应站在旅客的正面与之成 45°角的地方，双手递送；递送东西应到位，当对方接稳后再松手。

十一、握手

握手作为一种人际交往形式，不论在公务，还是私交场合，几乎都是不可缺少的礼节礼貌行为。然而，如果从其表达的思想感情内容的角度来看，它又具有很强的信息传

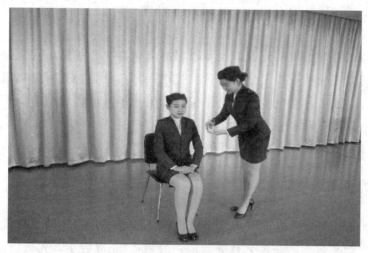

图 4-15　拿水杯

递功能。由于交际背景不同，彼此关系的性质不同，同样是握手却可以表达出不同的思想感情，传递特有的信息。比如，先伸手可以表示主动、热情；慢出手表示不情愿、冷漠之情；紧握对方的手，眼睛盯着他的脸，对方会感到你从心底尊重他、欢迎他；相反，如果轻轻地握对方的手，眼睛又看着其他人，如此漫不经心的握手有轻视的意味，对方会感到难受、不满，等等。因此，正是从这个意义上说，握手不仅是一种礼仪形式，而且是一种生动的交际语言，一条沟通思想感情的渠道。

一般来说，握手的规矩可以归纳为以下几条，如图 4-16 所示。

图 4-16　握手

（1）在上下级之间，上级伸手后，下级才能伸手相握。

（2）在长辈与晚辈之间，长辈伸手后，晚辈才能伸手相握。

（3）在男女之间，女人伸手后，男人才能伸手相握。

（4）握手时应该伸出右手，决不能伸出左手与人相握。

（5）在握手时，应脱掉手套。

（6）握手时不要毫无力气，也不要过分用力。

当然，这些是一般的规矩，有时也可以根据具体情况和对象灵活掌握。为了避免尴尬情景的发生，在主动和人握手之前应该首先想一想自己是否受对方的欢迎。如果你认为他确实欢迎你，那么，即使他是你的上级，你先伸手与他相握也未尝不可。因此，先伸手是否合适也取决于你们的关系如何。对于一个推销员来说，如果自己是个不速之客，那么，主动和买主握手很可能会引起相反的效果。

十二、递接名片

现代社会是一个开放的社会，人们需要参加各种社交场合，需要自我介绍。自我介绍最简便的方式就是名片。交换名片的顺序一般是："先客后主，先低后高"。当一个人与多个人交换名片时，应当依照辈分、职位、距离远近高低的顺序依次进行，切勿跳跃式地进行，以免让对方有厚此薄彼之感。

1. 名片的递送

递送名片时应当注意名片正面面向对方，双手奉上（图4-17）。眼睛应注视对方，面带微笑，并大方地说："这是我的名片，请多多关照。"递送名片应在自我介绍之后，在对方没有自我介绍之前不应急于递送名片，更不要把名片视同传单随便散发。

图4-17　名片的递送

递送名片的具体步骤如下。

（1）自己的名片存放一定要得当，放在随手可取的地方，但是裤兜是不可取的，最好使用名片夹。

（2）站立对正，上身前倾，欠身。

（3）名片放低，双手拇指和食指分别持名片的两个角，正面、字体朝向对方，齐胸送出，并伴随着清楚简明的自我介绍。

2. 名片的接受

当一方递送名片时，另一方接受名片时应起身，面带微笑注视对方。接过名片时应说："谢谢"，随后有一个微笑阅读名片的过程，阅读时可将对方的姓名、职务、联系方式等念出声来，并抬头平视对方的眼睛，使对方产生一种被尊重、受重视的满足感。然后，回敬一张本人的名片，如身上未带名片，应向对方说明情况，并表示歉意。在对方离去之前，或话题尚未结束，不必急于将对方的名片收藏起来。在将名片收藏之前，切忌不看名片。

接受名片的具体步骤如下。

（1）立即起立，挺胸抬头，面带微笑，注视对方。

（2）双手接住名片的下端，齐胸高度。

（3）表示感谢，认真拜读。

（4）存放得当，珍惜爱护。

（5）交换名片时，先接对方的名片，把自己的名片放在下面，接过后仔细阅读。

3. 名片的存放

接过别人的名片以后，切不可随意摆弄或一眼不看随手往桌子上一扔，也不要随便地往口袋里或包里一丢。而应放在西服左胸的内衣口袋里或名片夹里，以示尊重。

4. 名片礼仪注意事项

（1）随身携带的名片应使用比较精致的名片夹，最好放置在公文包中。

（2）在接受名片时，应该礼貌起身，用拇指和食指持名片下方两角，接过并浏览片刻，一定要非常有礼貌地说一声"谢谢"。

（3）递、接名片顺序：晚辈向长辈、下级向上级、男士向女士先递出名片，在人较多的情况下，我们应当遵循由近及远的原则。

（4）到别处拜访时，经上司介绍后，再递出名片。

（5）上司在时不要先递交名片，要等上司递上名片后才能递上自己的名片。

（6）不可递出污旧或皱折的或字体不清的名片。

（7）如果是坐着，尽可能起身接受对方递来的名片。

（8）接受名片时，应以双手去接，并确定其姓名和职务。

（9）接受名片后，不宜随手置于桌上。

（10）辈分较低者，率先以右手递出个人的名片。

（11）名片夹或皮夹置于西装内袋，避免由裤子后方的口袋掏出。

（12）尽量避免在对方的名片上书写不相关的东西。

（13）不要无意识地玩弄对方的名片。

（14）交换名片时一定要面带微笑。

5. 名片的整理

接受的各类名片是一笔异常宝贵的资源和财产，我们应该利用一切可能的机会，索取更多的名片，来增加我们的财产数量，为日后自己的发展积累资源。聚会、会议、饭局、商务往来、日常工作，甚至在乘坐飞机、火车、轮船、汽车时等均是获取名片的有利途径，这样也有利于我们广交朋友。

我们在获取名片之后，当然需要的是科学整理工作了，尤其是对于商务人士来说，可以用名片夹和电脑、手机等整理名片。按工作关系、单位性质、工作性质、重要程度、利益关系等适用自己使用习惯和工作理念的标准分类。

整理完还要定期更新，将变化的信息添加，该换的换，该刷新的刷新，随时更改，保持名片的时效性、干净、整洁，让我们的名片经常处于更新状态之中。

第五节　列车客运服务中的礼仪

你知道吗?

1. 举例说明哪两种菜相克?

2. 餐饮礼仪知多少?

3. 怎样才能给旅客留下良好的第一印象?

一、乘务人员的服务礼仪流程

服务礼仪流程大致分以下七个环节。

1. 检查车票

2. 致欢迎辞

精彩的欢迎辞能够使旅客立即进入角色，为旅行活动的顺利进行奠定基础。一般来说，欢迎辞的内容包括：①问候语；②介绍车次、铁路局和自己；③欢迎旅客乘坐本次列车；④表明列车提供服务的工作态度和希望得到合作的诚挚愿望；⑤预祝旅途愉快和顺利。

广播员："旅客朋友们，上午好！欢迎乘坐 G××次列车，本次列车由××发往××，全程 246min，运行 697km，我是本次列车的广播员×××，代表××铁路局××客运段乘务组欢迎各位朋友的到来。我们为朋友们准备了充足的热水，在本次旅途中，旅客朋友们如果有什么需要，请及时与我们联系，我们将竭诚为您服务。祝旅客朋友们旅行愉快。"

3. 介绍沿途的风土民情

每趟列车从始发站到终点站，沿途都要经过不同的城市和景点，介绍沿途的风土民情可以丰富旅客的旅途文化生活。

例如广播员："旅客朋友们，列车前方到达潍坊火车站。潍坊位于山东半岛西部，是一座历史文化名城，以'世界风筝之都'闻名于世。在这里可以观赏到世界最大、全国唯一的风筝博物馆，小巧玲珑、兼有南北园林特色的十笏园，郑板桥的书画真迹，稀世珍宝山旺古生物化石，这里的杨家埠年画闻名全国，还有被称为"民间艺术三绝"的扑灰年画、高密剪纸、高密泥塑，全国著名的寿光蔬菜和青州花卉等。热情好客的潍坊人张开双臂欢迎来自世界各地的朋友们，希望朋友们尽情领略潍坊独特的历史文化和风土民情。"

4. 送水服务

播音员："旅客朋友们，大家好！本次列车为朋友们准备了充足的热水，请朋友们准备好水杯，我们的乘务员将为您送去开水。"

5. 餐车售货服务

以销售盒饭为例。

餐车服务员："餐车供应营养快餐有没有需要的旅客？"

旅客："服务员，你们都有什么样的盒饭？"

餐车服务员："我们餐车供应 15 元的菠菜鸡肉丸套餐、30 元的红烧肉套餐、40 元的黄花鱼猪肉套餐、55 元的大虾牛肉套餐。"

旅客："哪一种好吃？"

餐车服务员："先生，这要看您自己的口味了。我推荐您选择 55 元的大虾套餐，这是我们公司的主打套餐，里面有新鲜的大对虾和牛肉、鱼香肉丝、胡萝卜丁，味道鲜美，并有利于身体健康。"

旅客："你给我来一份大虾牛肉套餐盒饭。"

餐车服务员："先生（女士）我们这还有蛋花汤（6 元）、酸奶（10 元）、咖啡（15 元），米饭比较干，喝点热汤对胃比较好，给您拿上一份？"

旅客："好。"

餐车服务员："好的，总共 61 元，这是您的盒饭和汤，小心烫，请慢用。"

6. 致欢送词

乘务员："旅客朋友，大家好，一路旅行辛苦了！伴随着欢歌笑语，我们的旅行生活已接近尾声，这趟列车经过了 5 个多小时的旅行，就要到达终点站××站了。在您即将走下这趟列车与我们分别的时候，我代表列车全体工作人员感谢您对我们工作的支持与协助。同时，也希望下次旅行再乘坐我们这趟列车，愿我们再相逢！"

7. 到站送别

二、餐饮服务人员的行为礼仪

餐饮服务是企业形象的一张"名片"，因此在餐饮服务中，礼节、礼貌是不可缺少的一部分，它渗透在列车餐饮服务的方方面面，贯穿服务过程始终。

列车的晃动，要求餐饮服务员走路时脚步要稳、轻、灵、巧，步幅不宜大。服饰整洁得体，头发梳理平整，指甲修剪整洁，语言礼貌和气，精神饱满，步态轻盈，躲闪灵活，手脚利落，观察仔细，及时了解旅客需求，提供满意服务。

1. 就餐时间到来之前的准备工作

（1）要做好仪容、仪表和精神准备迎接客人。餐饮服务员的仪容仪表与前两节讲到的内容基本相同，但站姿不能过于生硬，应该有亲和力，在此不做过多介绍。

（2）旅客到来时，餐饮服务员要热情相迎，主动问候："您好，欢迎您就餐"。在引领旅客时，应问清是否预约过位置、几位就餐，然后引到合适的座位。按照习惯，要先引导女性入座，如果是一对夫妇或者一对恋人用餐，应该引导到比较安静的位置，对老年或者行动不便的旅客要主动搀扶；男、女独自用餐要面对列车前行方向。

（3）帮助旅客把随身携带的物品放在合适的地方，但必须先征得旅客的同意。

（4）旅客被引到餐桌时，要双手将纸巾递到旅客面前。

（5）旅客落座后，餐车员应将餐饮单送上征求点餐，旅客点餐时，服务员应站在旅客一侧，与旅客保持一定的距离，腰部稍微弯下一点，手持餐饮单，认真倾听旅客所点餐的名称，并做到神情专注、手脚并用、有问必答、百问不烦、主动推销。

2. 列车餐饮服务中的礼仪规范

（1）订酒水、订餐

① 送餐饮单—订酒水和餐食。

② 提供姓氏服务。

③ 餐饮单要在客人面前展开。

④ 主动介绍饮料和餐食的种类。

⑤ 回答问询时侧身45°角站立于旅客侧前方，面向旅客，身体微欠，细心聆听。

⑥ 对饮料和餐食的种类要心中有数，掌握相关的知识、餐食的文化背景知识，妥善回答旅客的问询。

（2）送饮料、小吃、餐巾纸

① 热饮用具需要事先预热。

② 杯垫、饮料、小吃、餐巾纸按照旅客右手的方向按顺序依次直线铺开。

（3）送主食（米饭、面条）　主菜要面对旅客，注意菜式颜色的搭配和摆放。

（4）送水果　如果旅客用餐的叉已经使用过，可另行提供干净的水果叉。用餐巾纸包好，注意卫生，尽量不让手触碰到餐具表面。

（5）收果盘、餐巾布、餐桌布

① 收餐盘时，动作要轻柔，忌急躁，注意乘务人员应具备的姿态和表情。

② 防止餐盘内的杂物泼洒溅漏。

③ 回收餐巾布时应当将餐桌布由里向外折叠好后再收走。

（6）送热饮

① 使用中式茶杯，注意用具要预热。

② 杯柄与旅客的右手边成 45°角。

③ 注意随时添加，及时收回。

④ 提供热饮前征求旅客意见，可根据旅客需要用其他饮料代替。

3. 餐饮服务细则

餐饮服务细则包括饮料服务和餐食的服务。如送饮料时，应注意以下细节：旅客喝咖啡、单独放糖包、奶包时，及时清理用完的糖包和奶包的包装袋；需添加咖啡时，应将杯子擦拭干净或更换咖啡杯；旅客饮用完牛奶后提出需要柠檬红茶，也应提醒旅客不宜混饮；为儿童提供热饮时需递给其监护人等。提供餐食服务时，应注意：主动介绍餐食品种，汤温度过高时及时提醒旅客；为旅客冲泡奶粉时，需同时送上餐巾纸或湿巾纸；禁止将餐饮或杂物从旅客头顶上方掠过，旁边旅客协助递送时需及时向旅客致谢等。

知识链接

服务礼仪流程样例

广播员："旅客朋友们，由青岛开往厦门的 G241 次列车马上就要开车了，请未上车的旅客抓紧时间检票上车。"

乘务员："您好，女士，请出示一下您的车票。"（放在手里仔细检查）"好的谢谢，您请。"（微笑着将车票还给旅客）

这时，有一位年迈的老妇人找不到自己的座位，乘务员上前帮忙。一名旅客感冒，随手将卫生纸丢在地上。乘务员开始巡逻，将清洁袋递给扔垃圾的旅客："女士您好，座位前面夹层有清洁袋，请您将杂物丢弃在袋子里。"旅客尴尬笑笑，应声道："好的好的。"

一名旅客随意地叠放了行李，乘务员："女士您好，列车马上就要开了，为了避免行李叠放会跌落砸伤乘客，请您将您的行李按顺序放好，谢谢合作！"

广播员："旅客朋友们，大家好！今天是 2015 年 12 月 23 日，欢迎乘坐由青岛开往厦门的 G241 次列车。我们是济南铁路局青岛客运段乘务组，在这里，我代表全体乘务人员向您问好，并祝愿您旅途愉快！"

乘务员："本次列车在优美、欢快的音乐声中离开了青岛车站，您的旅行和我们的服务工作同时开始了，在旅行中，如果朋友们有什么困难和要求请随时与我们联系，我们将竭诚为您服务。预祝大家一路有个好心情，轻轻松松度过旅行生活。"

乘务员："旅客朋友们，列车前方到达枣庄站，枣庄是一个历史悠久的城市，位于山东省南部，东偎山清水秀的沂蒙山区，西临碧波荡漾的微山湖，南枕京杭古运河，北连孔孟之乡——曲阜。枣庄旅游资源丰富，'天下第一崮'抱犊崮国家森林公园是令人向往的天然生态氧吧；冠世榴园依山傍水，是生态观光休闲胜地；滔滔古运河，宏伟壮丽，运河古镇风情浓郁；湖光山色的岩马湖是枣庄市最大的水库；熊耳山国家地质公园风景奇绝；滕州微山湖湿地被誉为"江北第一湿地"和中国"荷都"；以"旱海奇观"闻名的莲青山林荫如海，奇石林立；省级地质公园龟山自然风景迷人。"（乘客聚精会神听着，说罢鼓掌）

广播员："旅客朋友们，枣庄车站就要到了，有在枣庄车站下车的乘客，请您提前携带好车票和行李物品到车厢两端等候下车。"（车又开了）

广播员："旅客朋友们，前方到站武夷山东站。"

乘务员："旅客朋友们，武夷山拥有'奇秀甲东南'的美名。九曲溪是武夷山最为著名的一处旅游胜地。溪水澄碧清澈，傍山而流，穿涧而过，山回溪转，九折万状，两岸干峰可尽收眼帘，翠岚倒影也可尽显于碧波之中。宋朝名相李纲对此咏道：'武夷古洞天，奇峰三十六。一溪贯群山，清浅萦九曲。溪边列岩岫，倒影浸寒绿……'武夷山还有一个著名的景区就是大红袍景区。大红袍是武夷岩茶中的状元，它生长在武夷山北部的九龙窠中，树龄已逾千年，现在九龙窠绝壁上仅剩四株，岩缝中渗出的泉水滋养着它们，因而不用施肥它们也生长茂盛。大红袍茶产量极少被视为稀世珍宝，被誉为'茶中之王'。"（大家听的正起神，忽然耳边传来广播声）

广播员："旅客朋友们，由于线路故障，列车临时停车，请各位旅客在自己座位上坐好，不要随意到车厢两端的接口处，以免发生意外。耽误了您宝贵的时间，我代表铁路局向您致以诚挚的歉意。"（乘客慌了神）

旅客1："这叫什么事啊！"（不高兴）

旅客2："哎哎哎，乘务员，这是怎么回事啊，为什么停下，你们光说是突发情况，到底是什么情况啊。不知道我这是赶着去谈生意啊，迟了怎么办，你赔得起吗？你不知道我们分分钟几百万上下吗？"(用埋怨的语气向乘务员大声说，翻了一个白眼)

乘务员："（歉意的微笑）女士您好，请您不要着急，列车线路临时出了一些故障，我们的相关机械人员已经去处理了，列车长也正与相关部门联系，我们代表铁路局向您致以诚挚的歉意，请您给予谅解，耐心等候，谢谢。"

这时餐车服务人员："各位旅客，你们好！我是青岛高铁餐饮管理公司青岛至厦门线路第9包乘组的餐车服务员，我们为您准备了本公司自主研发所生产的'高铁营养快餐'和多种多样的小食品，您有什么需要，我们将竭诚为您服务。"

餐车服务员："这位旅客，您要点什么？我们有海鲜套餐和牛肉套餐两种。"

旅客3："啊，我对海鲜过敏，要一份牛肉套餐吧。多少钱？"

餐车服务员："40元。"

旅客3："好的，给你钱。"

餐车服务员："祝您用餐愉快！"

旅客1："我一点儿也吃不下东西，你们有茶水吗？"

餐车服务员："有的，女士，10号车厢有我们的高铁茶吧，有多种茶水供您选择。还有专业的茶艺师为您服务，请随我来。"

乘客1到了茶吧，看茶艺、品茶。

茶艺表演员："你好，请坐，您想要喝点什么？ 我们这里有绿茶、红茶、乌龙茶、黑茶、白茶……"

旅客1："……唔，快到福建了，就品品武夷山有名的大红袍茶吧。"

茶艺表演员："好的。"（说词、音乐、表演、品茶、表演茶艺）

茶艺表演员："我为您挑选色的这款大红袍是上等品。 大红袍属乌龙茶，更是中国特种名茶。 冲泡后汤色橙黄明亮，叶片红绿相间。 特别是冲泡后香气馥郁，有淡淡的兰花香气，香高而持久。

"大红袍不仅能够提神益思、消除疲劳、解热防暑、消食去腻、减肥健美，还可以防癌症、降血脂、抗衰老。 而且它非常耐冲泡，泡七、八次没有问题。"

广播员："旅客朋友们，刚刚由于线路故障临时停车35分钟，耽误了您的行程，我们感到十分抱歉，现在列车已经重新启动，预计1小时后到达终点站。"

乘务员："旅客朋友，大家好！ 一路旅行辛苦了！ 终点站到了，请您携带好车票和行李物品到车厢两端等候下车。 请注意车体与台阶的间距，以免踩空，发生意外。 我代表列车全体工作人员感谢你对我们工作的支持与协助。 同时，也希望下次旅行再乘坐我们这趟列车，愿我们再相逢！"

到站停车，乘务员站立在车门处送别旅客。

第五模块

安全运输及事故处理
——警钟长鸣 平安行车一路歌

Chapter 5

学习目标

通过本章学习，要求学习者了解铁路安全运输的重要性；掌握及时应对各种可能发生的情况的方法，以及铁路客运职工工作的安全标准，从而提高自己的专业内涵。

【引言】保证旅客和行李、包裹运输的安全是客运职工的首要职责，是关系到国家与铁路企业声誉的头等大事。安全运输是我国铁路运输组织的基本原则之一，也是衡量运输工作质量好坏的重要标志。各级领导必须坚决贯彻安全生产的方针，严格实行逐级安全责任制，牢固树立"安全运输，人人有责"的思想，不断提高客运职工素质，狠抓技术练功，确保运输安全。

第一节　铁路旅客危险品检查管理

你知道吗？

1.《铁路运输安全保护条例》是什么时间开始实施的？

2. 什么是安全检查证？

一、加强禁带危险品的宣传和查堵

站、车应加强禁带危险品的宣传，在实施运输安全检查时，要严格落实《铁路旅客运输安全检查管理办法》的有关规定。

《铁路旅客运输安全检查管理办法》中所称安全检查，是指为了保证铁路旅客运输安全，铁路部门依法对旅客携带品和托运人的行李包裹进行有无携带（夹带）危险品的检查。危险品，是指容易引起爆炸、燃烧、腐蚀、毒害或有放射性的物品及枪支、管制刀具等可能危害公共安全的物品。

铁路部门要切实加强客运安全工作。要广泛深入地开展严禁旅客携带易燃、易爆危险品进站上车和违章托运的宣传教育。车站和列车应当以广播、图形标志、电子显示、文字提示等各种方式向旅客宣传禁止携带危险品的有关法律法规。要密切配合做好查堵工作。对限量携带物品的品名、数量应进行公布。对查出的易燃、易爆物品及时进行安全处理。

实施检查时，安检人员执勤时应统一着装，佩戴"安全检查证"。"安全检查证"式样由铁道部统一规定，由铁路局统一制发。列车工作人员进行检查时，应着工作装，佩戴工作标志。安检工作应当坚持安全第一、严格检查、文明执勤、热情服务的原则。检查人员应耐心宣传解释，文明礼貌。不得有粗暴、污辱性的语言和行为。

1. 检查方法

实施检查的方法包括仪器检查和人工开包检查。实施人工开包检查时，一般由旅客自己打开行李包囊或随身携带物品以供查验。必要时也可由检查人员开包查验。

（1）开箱（包）检查时，旅客或托运人应当在场，安检人员应当爱护被检查物品。因检查不慎损坏物品时，应当予以赔偿，赔偿金在事故费中列支。

旅客或托运人申明所携物品不宜接受公开检查的，安检人员应根据实际情况，在适当场合检查。对经过检查仍有疑点的，可交公安人员进行检查。

（2）旅客和托运人进入下列场所时，即有义务接受运输安检。

① 进入车站范围内；

② 车站在站房外划定的候车区；

③ 加入检票进站的行列；

④ 旅客列车。

（3）旅客或托运人无正当理由拒绝检查时，在车站，安检人员可以拒绝其进站或运输；在列车上，则由列车工作人员和乘警进行检查。因拒绝检查而影响旅行或运输的，由旅客或托运人负责。

（4）对怀疑为危险物品，但受客观条件限制又无法认定其性质的，旅客或托运人又不能提供该物品性质和可以经旅客列车运输的检测证明时，铁路可以不予运输。

（5）安检人员应当经过有关法律法规和危险品识别等知识技能培训；使用安检仪器的，还应经过安检仪器操作、放射防护等相关知识技能培训，经考试合格取得岗位证书方可上岗。

（6）专职从事 X 射线安检仪器操作工作的安检人员应当得到下列健康保护。

① 每年到指定医院进行健康检查；

② 比照从事放射线检测工作有关规定发给津贴；

③ 女职工孕期和哺乳期间应避免在 X 射线区域工作。

客运班组对危险品也要进一步查堵，应有组织、有制度、有检查、有措施。乘务员对车厢应用"问、闻、听、摸、查、看、宣、移、帮、整"十字检查法随时随地进行检查。

2. 处理方法

在列车上查获的危险品由值乘乘警妥善保管。其他列车乘务员予以协助。

站、车查出危险品时，按下列规定处理。

（1）在车站发现超过旅客限量携带规定的少量有危险性质的生活用品，可以由旅客选择交送站亲友带回或放弃该物品；

（2）旅客拒绝按本条前款规定处置危险物品或站、车发现属于严禁携带和托运的危险品、违禁物品时，应将物品及旅客、托运人交公安部门处理；

（3）列车检查发现的鞭炮、拉炮、摔炮、发令纸类的危险品，应收缴并采取浸水等销毁措施。

二、旅客携带品

旅客携带品由自己负责看管。每人免费携带品的重量和体积是：儿童（含免费儿童）10kg，外交人员 35kg，其他旅客 20kg。每件物品外部尺寸长、宽、高之和不超过 160cm；柱状物品不超过 200cm；重量不超过 20kg。残疾人旅行时代步的折叠式轮椅可免费携带并不计入上述范围。

1. 禁止携带品

（1）国家禁止或限制运输的物品；

（2）法律、法规、规章中规定的危险品、弹药和承运人不能判明性质的化工产品；

（3）动物及妨碍公共卫生（包括有恶臭等异味）的物品；

（4）能够损坏或污染车辆的物品；

（5）规格或重量超过本规程第五十一条规定的物品。

2. 限量携带品

（1）气体打火机 5 个，安全火柴 20 小盒。

（2）不超过 20mL 的指甲油、去光剂、染发剂。不超过 100mL 的酒精、冷烫精。不超过 600mL 的摩丝、发胶、卫生杀虫剂、空气清新剂。

（3）军人、武警、公安人员、民兵、猎人凭法规规定的持枪证明佩戴的枪支子弹。

（4）初生雏 20 只。

3. 旅客违章携带物品按下列规定处理

（1）在发站禁止进站上车。

（2）在车内或下车站，对超过免费重量的物品，其超重部分应补收四类包裹运费。对不可分拆的整件超重、超大物品、动物，按该件全部重量补收上车站至下车站四类包裹运费。

（3）发现危险品或国家禁止、限制运输的物品，妨碍公共卫生的物品，按该件全部重量加倍补收乘车站至下车站四类包裹运费。危险物品交前方停车站处理，必要时移交公安部门处理。对有必要就地销毁的危险品应就地销毁，使之不能危害并且不承担任何赔偿责任。没收危险品时，应向被没收人出具书面证明。

第二节 旅客意外伤害事故处理的原则与程序

为了防止旅客意外伤害事故的发生，铁路相关部门要做好以下预防工作。

① 列车上要在显要位置张贴明显的警示标志，提醒旅客防止发生意外伤害，也为可能出现的意外情况的处理做好准备。如：防止挤伤、烫伤、摔伤、碰伤、砸伤、触电，禁止向窗外抛掷物品等。

② 列车广播要把防止旅客伤害的有关内容纳入广播计划，并抓好落实。

③ 要认真巡视车厢，及时发现和处理造成旅客伤害的事故隐患。

④ 落实作业标准，严格执行车门管理制度。

⑤ 对老、幼、病、残、孕等重点旅客要给予重点照顾。

一、旅客意外伤害事故处理的原则

本着"以人为本，旅客至上"的原则，一旦发生旅客意外伤害事故，就遵循相关原则进行处理。

1. 及时抢救、高度负责的原则

要一切为旅客的生命财产安全着想。列车上发生旅客伤害时，要积极采取措施给予救治，遇到危重病伤旅客，要通过列车广播寻找医务人员组织抢救，并提供一切方便条件。需要交站处理时，要提前做好准备。遇有站方不予办理交接时，要派人下车处理伤病旅客，决不允许出现车站、列车都不管的问题。下车人员要向所属局汇报并听取指示，及时拍发电报，以便分清责任。

2. 快速反应、亲临现场的原则

凡在列车上发生旅客伤害事故，列车长必须立即进行处理，亲自到达现场了解伤情；亲自收集受害人、责任人、旁证人的证明材料（采用公安的笔录形式）；亲自编制记录、拍发电报；亲自与车站客运值班员办理交接。并同时向车队或客运段汇报，听候指示。

3. 实事求是、准确定性的原则

列车长处理旅客伤害时，应做好下列工作。

（1）查清事实，分清责任。在查清事实、掌握证据的基础上按照铁道部《铁路旅客人身伤害及自带行李损失事故处理方法》规则的四种责任，即：旅客自身责任、第三人责任、铁路责任（列车责任和车站责任）、其他共4种情况定责。

（2）收集不少于两份的旅客证明材料（原则上不论发生何种旅客伤害，乘警均应参与处理并做询问笔录）。收集证明材料和证据时，要注意掌握提供证言人姓名、地址、联系方式等情况的真实性以及证据与事故的直接因果关系。证明材料和证据要能够说明事故的过程，能证明导致事故后果的直接原因。一般情况下，要直接提取看到或经历事故过程的受害人、直接责任人、旁证人的证明。具体至：日期、时间、地点、车次、年龄、性别、身份证内容、车票内容、事故经过、乘车位置、联系方式等。

（3）按规定编制记录交站处理。编制记录时，记录内所表述的事故原因、后果必须与旅客的证明材料内容相符。

（4）视伤害情节，按规定拍发事故速报。事故速报内容：A. 事故种类。B. 发生日期、时间、车次。C. 发生地点、车站、区间、里程。D. 伤亡旅客姓名、性别、国籍、民族、年龄、职业、单位、地址。E. 车票种类、发到站票号、身份证号码。F. 事故及伤亡。

4. 严谨精确、证实相符的原则

列车长在处理各类旅客伤害过程中收集的调查材料、交站记录和拍发的电报，要符合严谨细致、措辞得当、责任清楚、准确无误的要求。书面材料要与事实相符。

5. 立即汇报、不准隐瞒的原则

列车上发生的各类旅客伤害，特别是旅客因伤害死亡事故及把握不准处理方法的事故，必须在第一时间内逐级如实汇报，不准隐瞒，以便客运段、公司主管部门和车队干部掌握情况，及时给予指导，纠正现场处理过程中发生的各种偏差。

二、旅客意外事故处理程序

旅客意外事故发生后，包括接到站方客伤通知后巡查取证、站车交接阶段。

1. 及时救治

事故发生后，列车长应及时利用广播等形式寻求医务工作者的帮助，对伤者采取最大限度的救治，积极挽救旅客的生命。

案例链接

　　2015年2月24日，浙江衢州火车站上演了一幕生死时速，K529次列车途经衢州站时一位旅客突发心力衰竭，在车站人员和医护人员的及时抢救下，目前该旅客已脱离生命危险。

　　24日，13时47分，衢州火车站客运值班室里，大功率无线电突然传来呼叫：

　　"衢州站、衢州站，我是K529次列车长，听到请回答。"

　　客运值班员立刻回答："衢州站听到，请讲。"

　　"衢州站，我是K529次列车长，我车上3号车厢有名女乘客昏厥，需要救援,请求车站做好接应准备！"此时，离K529次到站时间还有25min。

　　值班员接到紧急求助电话后，立即向值班副站长汇报，副站长立马赶到现场，一边让值班员联系120急救中心，一边通知行车值班员马上向上海铁路局调度申请：K529次列车进入一站台。

　　上海调度所得知事情原由，马上作出回应：同意衢州站请求，并特许救助结束再发车。

　　此时，值班员已为急救车开进站台打开了消防通道，副站长已布置客运人员做好了接车准备。

　　14时5分，救护车驶进了衢州火车站1号站台。14时10分，K529次列车徐徐进站。车站人员和医护人员已等在了3号车厢门前。一名中年妇女被列车乘务人员抬了下来，面色苍白，昏迷状态。现场的工作人员连忙把病人抬上救护车。

　　当救护车呼啸而去，在场的所有人员都松了一口气。此时刚好是14点18分，K529次列车为此晚开了整整5min。（摘自中新浙江网）

2. 迅速汇报

　　事故发生后，应迅速掌握伤情，将初步事故原因及时向客运段有关部门或车队汇报，并拍发事故电报，抄送范围根据事故性质等级而定，返乘后列车长要亲自到安全科汇报事故情况，并提交书面事情经过、记录、电报底稿、证明材料及公安询问笔录复印件等。

3. 按照规章分析

　　事故发生后，首先要迅速对照规章，分析判定事故的性质，搞好调查取证材料，妥善圆满处理。

4. 调查取证

　　调查取证是界定事故责任的重要环节，是总结处理和法庭审理的重要依据。必须认真做好所需取证的材料。

　　（1）列车长、乘警共同参加的事故现场勘查认定、记录。

（2）受伤旅客的口述笔录。

（3）旁证材料两份以上，必须有旁证人真实地址和联系方式。必须采用公安笔录形式。有目击者的一定要取得目击者的笔录。

（4）了解伤情，收取医院大夫的第一诊断记录（病例）。

5. 站车交接

事故发生后，列车长要迅速赶赴现场，清理旅客物品或死者遗物，如车票、现金、贵重物品等，单独做好记录，与物品一并移交受理站（留复写材料）。

知识链接

旅客意外伤害处理实例

2006 年 5 月 10 日，某次列车于 3 点 10 分晚点到达某站进入二站台 3 道。旅客张某，男，52 岁，某地质工程局退休工人，持甲站至丙站客票，客票号码 A003364，横越线路客运员未给予制止，被 1 道通过的货车轧成重伤，其左小腿及左臂轧断，造成旅客意外伤害事故。该站处理过程如下。

（1）该站客运主任（客运值班员）会同公安人员检查旅客伤害情况。

（2）对受伤旅客简单包扎后，填写"客运记录"，派工作人员将旅客张某送往医院抢救、治疗。

（3）妥善保管旅客的财物，并收集旁证材料。

（4）该站内所属路局客运处、客调、所属局公安处及车务段拍发事故速报。

（5）寻找线索通知伤害旅客家属。

（6）车站、车务段负责组成由有关部门和受害旅客的代表、公安派出所、车站参加的事故调查处理工作组，调查事故发生的原因，确定事故单位及责任者并提出处理意见和防止措施。

（7）由旅客或其继承人、代理人（代理人应当出具被代理人的书面授权书）提出"铁路旅客人身伤害事故赔偿要求书"，并出具治疗医院的诊断证明有关单据。

（8）事故处理工作组接到"铁路旅客人身伤害事故赔偿要求书"后，应当尽快与旅客或其继承人、代理人协商办理赔偿事宜。

（9）办理赔偿时填写铁路旅客伤害事故最终处理协议书，事故处理各方对协议书所载内容无异议后，签字并加盖"事故处理专用章"生效。

（10）车站填写事故调查处理报告随同铁路旅客伤害事故最终处理协议书一并报主管路局客运处审批。旅客伤害事故最终处理协议书一式五份，一份报局主管部门，一份转局财务部门，事故处理单位、发生单位、旅客或家属各一份。

第三节　火灾、触电事故的应急处理

一、列车发生火灾事故的处置办法

迅速扑救、防止蔓延，尽最大努力，最大限度地避免或减少人员伤亡、财产损失，尽快恢复列车运行。

1. 立即停车

运行中发生火灾时，发现情况的列车服务人员特别是本车厢和邻车厢乘务员应立即拉开紧急制动阀，迫使列车停在安全地带（停车时避开桥梁、隧道）。

2. 疏散旅客

列车紧急制动后，本车厢乘务员以口头或通讯工具传递信息的方式报告车长和乘警长，注意避免造成乘客恐慌，防止事态扩大，并迅速指挥旅客疏散到邻近车厢或安全地带。

3. 迅速扑救

车长、乘警接到报告后，应立即组织"三乘"人员赶赴现场，本着先人员后财产的原则指挥扑救。要通知各车厢乘务员维持好秩序，严禁旅客跳车、串车，对已经疏散的旅客，严禁再返回事故车厢。

4. 切断火源

发生火灾时，要迅速判明火灾原因，如是电气火灾，必须先切断火源，防止火势蔓延。需分解列车时，机车、车辆乘务员和运转车长要密切配合，按照先摘后、后摘前的办法分解列车，即：先将着火车辆与后部车列分离，并将着火车辆尽量转移到线路平坦处（但不得停留在桥梁、隧道及重要建筑物附近），再将前部车列与着火车辆分离。

5. 设置防护

列车区间停车后，机车乘务员应立即使用列车无线调度电话通知两端站、追踪列车和车辆调度员及运转车长，并根据需要做好列车（包括列车分解后区间遗留的车辆）防护工作。车辆或列车停留在坡道时，需采取防溜措施，运转车长要按规定，指挥客运乘务员拧紧车辆手制动机。

6. 报告救援

列车长和转运车长要尽快向事故发生地客运、行车调度员报告情况，请求救援。报告内容主要包括车次、时间、区间、事故概况。必要时，报告当地政府或驻军请求救援。

7. 抢救伤员

对仍处在危险中的旅客、伤员要首先抢救使其脱离险境。对伤员要根据具体情况采取应急的止血、简易固定、包扎等措施，为医院救治创造条件。

8. 保护现场

在扑救火灾过程中，乘警长要采取多种措施维护现场秩序，视情况需要设置警戒区，禁止任何人进入（对持有机要交通专用证的机要交通人员抢救保护机要文件除外）。注意保护好现场，不得擅自移动现场任何物品，对痕迹和物证要采取有效措施妥善保护。列车广播及乘务人员要采取多种措施配合乘警工作，共同维护秩序、保护现场、稳定旅客情绪，以免发生混乱。

9. 协助查访

列车长及列车乘务人员要积极采取多种措施配合乘警了解情况，提供线索，协助调查工作。同时，要认真清点疏散旅客和伤员人数及伤害程度、车票财物、旅客姓名、性别、年龄、单位、住址、身份证号码、其他证件，并作详细记录。

10. 认真取证

乘警要及时进行调查取证，取证工作要严密、细致、真实。

二、触电伤害的处置方法

1. 迅速切断电源

如离电源开关太远，可紧急采用绝缘物体，使触电人员与带电物体隔离。

2. 准确确认伤情

触电人员是否接触带电设备金属外壳、裸露线头带电导体，登高或起重作业时吊臂等误触高压线或感应带电，雷击伤害，触电后坠落、电灼伤等。

3. 及时抢救

（1）立即联系医院紧急救护。

（2）触电伤员应在现场保持平卧姿态，松开腰带并保持口、鼻呼吸畅通。如无心跳、呼吸可立即施行人工呼吸。

（3）触电坠落伤害还应确认坠落后内、外伤害程度，避免在抢救中加重因坠落造成的内、外伤情。

（4）电灼伤伤害在抢救中应注意灼伤程度，避免造成灼伤的皮肤和肌肉创伤。

三、动车组客运乘务员岗位防火职责

（1）严格遵守动车组消防安全管理制度，服从命令，听从指挥，坚守岗位，落实防火措施。

（2）认真巡视车厢，做好对旅客防火知识的宣传，劝阻旅客严禁吸烟及人员、行李堵塞车门和通道。

（3）加强运行中对电气设备的监视，严格执行操作规程，正确使用各种电器设备，发现报警及故障向列车长或随车机械师报告。

（4）学习消防知识，达到"三懂三会"，熟练掌握火灾应急处置预案。

（5）做好易燃易爆危险物品查堵工作，及时发现妥善处置易燃易爆危险物品。

（6）发生火灾时，按火灾事故应急预案立即通知列车长和司机采取停车措施或使用紧急制动阀停车，及时疏散旅客，扑救初起火灾，维护秩序，保护旅客安全。

四、铁路乘务员对列车防火、防爆事故的相关工作要求

安全重于泰山，作为铁路乘务员在工作岗位上除了热情服务外，还要掌握相关消防安全常识。一旦有意外事故导致火灾的发生，在火灾初起时应立即着手灭火。

1. 乘务员对消防工作应做到"三懂三会"

三懂：懂得本岗位生产过程中的火灾危险性，懂得预防火灾的措施，懂得扑救火灾的方法。

三会：会报警，会使用灭火器材，会扑救初起火灾。

2. 扑救火灾的 4 种基本方法

扑救火灾的基本方法包括冷却法、窒息法、隔离法、抑制法。

冷却法——将灭火剂直接喷射到燃烧物上，使温度降低到着火点以下，从而使燃烧停止。

窒息法——阻止空气流入燃烧区或用不燃的物质冲淡空气，使燃烧得不到足够的氧气而熄灭。

隔离法——将火源与周围的可燃物隔离，燃烧会因为缺少可燃物而停止。

抑制法——就是使灭火剂参与到燃烧的反应过程中去，使流离基的连锁反应中断，达到制止燃烧的目的。这是一种化学灭火法。

知识链接

灭火器的型号、有效期、适用范围、方法和检查

一、MFZL2 型手提贮压式干粉灭火器

适用范围：可燃固体火、可燃液体火、气体和蒸气火、一般电器火。

有效期：1 年。

使用方法：①拔出保险销；②按下压把对准火源根部扫射。

二、手提式水雾灭火器（MSWZC2）

适用范围：固体材料火、可燃液体火、可燃气体火、一般电器设备火。

有效期：3 年。

使用方法：①从挂具上取下灭火器，迅速提至火场附近；②在距燃烧物 2~3m 处，

拔出保险栓；③一只手握住喷管，另一只手握住压把用力压下；④喷嘴对准火源根部扫射。

三、检查

① 检查有效期：干粉灭火器为1年，水型灭火器为3年。

② 检查压力表：指针指向绿区表示压力正常可以使用；指针指向红区表示压力失效必须更换；指针指向黄区表示压力较大，小于2.5MPa时可继续使用，大于2.5MPa时，压力过大会导致爆炸，必须及时更换。

③ 检查保险插销、铅封、喷嘴等配件是否齐全完好，如发现配件缺少应告知车辆乘务员及时处理。

第四节　其他各类突发事故的应急处理

一、旅客跳、坠车处理

1. 旅客跳、坠车后立即停车处理

如列车乘务员发现或接到旅客报称有人或精神病旅客在列车上跳、坠车时（能确定是刚刚发生的），应按规定立即使用紧急制动阀停车（特快旅客列车及有专运警卫任务列车不危及本列车运行安全时不必停车，但列车长应通过运转车长向有关车站通报情况），列车工作人员应做如下工作。

（1）稳定情绪　当班乘务员应立即稳定旅客情绪，通知列车长和乘警赶赴现场。

（2）勘查现场　列车长带领乘警及有关人员下车查找事故现场，确定伤亡程度，重点检查有无车票、钱款及身份证件等，妥善保管，届时与跳坠车旅客一起移交事故受理站，并将发生事故时间、地点调查清楚，做好记录。

（3）实施救治　如该旅客跳、坠车、受伤要及时抬上车，临时组织抢救，编制记录交前方停车站处理，并于前方停车站拍发事故速报（对需要急救的要通过调度员联系，要求停靠就近有医疗条件的车站，将伤员送下车进行抢救，并办理交接手续）。

（4）下车交接　如跳车旅客当场死亡，一名列车长应带领乘警和通行人下车处理，和跳车地所属车站办理交接手续，于跳车地所属车站拍发事故速报。

（5）调查取证　列车长（如一名列车长下车处理时为另一名休班列车长）和乘警迅速调查跳车原因，做好取证工作，并检查有无旅客遗留物品，以便转交事故受理站。

（6）及时开车　如确认有旅客跳车，停车后列车长、乘警下车，未发现跳车人（或跳车人未受伤跑掉），列车长应通知运转车长联系就近车站，继续协助查找，立即开车，

同时也要做好旁证材料，拍发电报通报有关部门，听候消息。

2. 旅客跳、坠车后错过立即停车时机的处理

如列车乘务员发现或接旅客报称有人或精神病旅客在列车上跳、坠车，但错过使用紧急制动阀停车时机（或特快旅客列车及有专运警卫任务列车不能停车时），列车工作人员应做如下工作。

（1）稳定情绪　当班乘务员应立即稳定旅客情绪，传号通知列车长和乘警赶赴现场。

（2）通报情况　列车长应及时通知运转车长，由运转车长用无线电台通知跳车地点所属车站前往处理。

（3）调查取证　列车长和乘警做好调查取证工作。

（4）返回交接　列车长和乘警在前方停车站下车返回事故处理站办理交接手续（如旅客未死应由公安做询问笔录），并拍发事故速报。

二、对精神病旅客及差犯乘车的处理

（1）在车站发现无人护送的精神病旅客（人员）应严禁乘车。列车内发现无人护送的精神病旅客，列车长应指派专人看护，乘警应给予协助，防止精神病旅客伤人或跳车。编制客运记录移交到站或换车站处理，不得转交中途站。如不能判明其到站时，可交前方三等及以上车站处理。

（2）有人护送的精神病旅客乘车时，列车员应对护送人员交代安全注意事项。并通知列车长，同时做到重点经常巡视，了解掌握动态，防止发生意外。

（3）列车上发现无人护送的无票精神病患者，列车长应指派专人看护，乘警应给予协助，防止精神病旅客伤人或跳车。编制客运记录交前方三级及以上车站处理。

（4）特快列车一般不允许犯人乘坐，特殊情况应经铁道部或铁路局公安、客运部门批准。押送犯人乘车时，车站和押送人员应与列车长联系，列车工作人员向押解员交代安全注意事项，妥善安排，乘警予以协助。

（5）为防止发生意外，列车工作人员、乘警应配合护送精神病旅客陪同人员及押解差犯人员采取以下有效措施。

将精神病旅客（差犯）安置在硬席的两端（乘务室一端为宜）三排坐席以内，锁闭相关的车窗（或放置提醒），周围禁放工具、硬物，动员病人（差犯）座位周围的旅客协助看护并注意自身安全。病人（差犯）上厕所时应由看护人（押解人）跟随，并以腿顶门成半掩状，不时观察其动态，以防从厕所跳车，天亮前及接近到站时要特别注意其精神变化和动态。

对精神病旅客或在列车上突发精神不正常者，举动明显失常且狂躁不安、有可能跳车或伤及其他旅客时，应由乘警对其进必要约束，列车工作人员予以协助，并共同进行看护，严防跳车伤人，同时做好旁证材料，按规定交站处理。

三、在旅行途中突发疾病的处理

1. 立即抢救

巡视车厢发现或旅客报告有疾病旅客时要立即报告列车长前往现场，在本车厢内或通过广播请求旅客中的医务人员采取急救措施，缓解病情。

2. 收集材料

对经过医务人员抢救的，要请他们留下书面诊断意见和抢救措施及通讯地址。并搞好其他旅客旁证材料。

3. 妥善处理

经急救后病情仍无好转或有必要立即交站治疗的编制客运记录，将旅客连同其车票、财物交市、县所在地车站或较大车站，由车站负责转送医院治疗。

四、旅客在旅行途中死亡的处理

乘车旅客突发疾病或因病求医乘车赴外地途中病情恶化死亡时，列车工作人员应做如下工作。

1. 调查取证

列车长、乘警立即赶赴现场，调查取证（取证不少于两份，包括在场旅客的旁证材料及同行人材料。并尽可能广播寻找乘车医务人员诊断死亡原因，留下诊断意见及通讯地址）。

2. 妥善处理

查看车票、遗物，编制客运记录，将车票、遗物、尸体交市、县所在地车站处理。

在列车上无论是何种原因的旅客死亡，调查处理以乘警为主，列车长应与车站办理交接。

五、旅客列车发生交通事故后旅客伤亡的处理

1. 组织抢救

在车站发生事故时，列车长要组织乘务人员迅速将受伤旅客连同记录移交车站，送当地有医疗条件的医院积极抢救。

在区间发生事故时，列车长要组织拦截汽车或其他交通工具迅速将受伤人员送往就近医院进行抢救，并和事故受理站办理交接手续。

2. 保护现场

列车长要组织列车工作人员配合公安部门保护好现场，维护秩序，以免发生混乱现象。对伤亡旅客的车票、财务等，列车长要派人会同公安人员做成记录交处理站妥善保管。

3. 认真取证

列车工作人员要协助公安人员索取见证、当事人、同行人的书面证据材料及绘制事故现场略图或拍照。

4. 派人看守

在有关人员没有到达事故现场以前，应组织人员看守，在区间看守确有困难时，准予雇人看守。

5. 列车长写出详细的处理报告，连同记录及有关材料报段

六、旅客纠纷、斗殴时的处理

立即报告列车长和乘警及时赶赴现场，做好调解工作，制止打架斗殴，防止事态扩大，对受伤者进行抢救。协助公安调查了解事件原因及经过，收集旁证材料，如确系旅客发生纠纷而导致斗殴，证明材料一定要体现出伤害是斗殴所致，导致后果时会同公安人员编制客运记录（记录内容也要体现出伤害是斗殴所致）。将负责人和受害人叫站处理。

七、盗窃案件的处理

迅速报告列车长、乘警，向报案人（失主）了解失物品名、数量、物品特征、丢失经过。观察了解现场人员变动情况，走访知情人，提供案犯特征，协助公安追堵查捕。

重大案件应向所在铁路局公安部门、铁路派出所拍发电报，抄送本局有关部门。

八、政治案件发生时的处理

政治案件发生时当班乘务员要立即报告列车长、乘警，及时赶赴现场。列车工作人员要协助公安人员保护现场，严禁无关人员进入现场。提高警惕，维持车厢秩序，注意车内动态。会同公安人员做详细调查，及时向上级报告。

九、凶杀、抢劫等暴力案件的处理

犯罪分子在车内凶杀、抢劫等暴力案件发生时，列车工作人员应采取如下措施。

（1）本车厢乘务员应想方设法通知列车长、乘警赶赴现场制止暴力犯罪行为的发展。

（2）在列车长、乘警长赶赴现场前本车厢乘务员应对犯罪分子做好思想疏导，劝阻放下凶器，劝阻无效时，应视情况，请旅客（最好是乘车解放军、武警、公安干警）协助一起制服犯罪分子（但要注意保护自身及旅客生命安全）。

（3）犯罪分子造成旅客或乘务人员伤害时，应立即抢救伤员，编制记录让有条件的前方停车站处理（乘务人员受伤时，当班列车长要派员下车参加救治）。

（4）乘警对犯罪分子或当事者应立案审查，并交前方停车站公安派出所处理。

（5）列车长应及时拍发电报向有关上级和公安机关、事故处理站段及本段通报情况。

十、防止旅客中暑应急措施

（1）空调列车遇有停电，较长时间不能恢复供电时，乘务员应立即全部开启非密封车厢，保持车内空气流通。

（2）各车厢列车员要加强巡视、做好宣传，安抚好旅客情绪，保持车内旅客秩序稳定。

（3）各车厢列车员要不间断地加强开水供应，有条件的情况下要立即免费供应防暑降温饮品。

（4）绿皮车列车运行中，要始终保持车内空气流通，并要严格按照规定使用电风扇，如有高温天气要坚持不断的开水供应。

（5）遇有旅客中暑时应立即抬至车厢通风处，采取物理降温等紧急措施进行救治，确保安全。

（6）班组出务时，必须备足防暑降温药品，做到应急有备。

（7）旅客发生中暑时，列车长要立即通过广播或逐车宣传，寻找医务工作者协助救治。

十一、石击列车造成旅客伤害的处理

1. 稳定情绪，现场调查

受石击车厢列车员应立即稳定旅客情绪，通知列车长和乘警赶赴现场，了解情况，查明旅客伤情。

2. 实施救治

列车工作人员通过广播寻找大夫对受伤旅客进行救治。

3. 收集材料

列车长和乘警做好取证工作，并派人查询其他车厢，有无旅客受伤。

4. 妥善处理，及时报告

列车运行至前方停车站将受伤旅客叫站处理并拍发电报。注：如飞石未伤及旅客时，也要拍发电报向有关部门汇报。

十二、列车发生食物中毒的处理

食品安全是关系到民生的大事，在列车上餐车工作人员要严格把住饮食卫生关，认真执行《食品卫生法》中有关食品卫生的规定和饮食卫生"五四制"。

（1）一旦发生食物中毒时，要采取各种措施抢救中毒旅客、调查中毒原因。

① 调查取证。了解中毒旅客在餐车就餐、购买列车出售食品或站台购买及自带食品食用情况，搞好中毒旅客本人同行人及其他旅客证明材料。发生三人以上食物中毒时，列车长应及时通知前方停车站或所在站防疫部门，并做好现场保护工作。

② 实施救治。通过列车广播请求乘车医务工作者协助抢救中毒旅客。

③ 妥善处理。编制客运段记录交有医疗条件的车站处理。

④ 立即报告。同时立即报告上级有关领导和卫生防疫部门请求处理指示。

⑤ 留样检验。留存餐料样品及旅客剩余食物和中毒者呕吐物，以供检验。

⑥ 严格消毒。病人用过的餐茶具严格消毒。

（2）消毒方法。

① 病人用过的餐具，煮沸 15～30min。

② 病人的排泄物和呕吐物可以用漂白粉搅拌（和匀）作用 2h。

③ 地面和桌椅可用 3％漂白粉澄清并进行喷雾与擦拭，手可用肥皂在流动水上冲洗两次。

知识链接

饮食卫生"五四制"

　　食品卫生"五四制"是由卫生部和商业部联合下发的《关于食品加工、销售饮食卫生"五四制"》文件中提倡的在食品生产经营过程中应做到的 20 项基本卫生要求。

　　一、食品由原料到成品实行"四不制度"

　　（1）采购员不买腐烂变质的原料；

　　（2）保管验收员不收腐烂变质的原料；

　　（3）加工人员（厨师）不用腐烂变质的原料；

　　（4）服务员不买腐烂变质的食物。

　　二、成品（食品）存放实行"四隔离"

　　（1）生熟隔离；

　　（2）成品与半成品隔离；

　　（3）食品与杂物、药物隔离；

　　（4）食品与天然冰隔离。

　　三、食品用具实行"五过关"

　　（1）洗；（2）刷；（3）冲；（4）消毒；（5）保洁。

　　四、环境卫生采用"四定"办法

　　（1）定人；（2）定物；（3）定时间；（4）定质量。

　　五、个人卫生做到"四勤"

　　（1）勤洗手剪指甲；

　　（2）勤洗澡理发；

　　（3）勤洗衣服、被褥；

　　（4）勤换工作服。

第五节　铁路客运职工工作安全

在列车安全运输过程中，铁路客运职工不仅要保障旅客的人身和财物安全，把旅客及时运送至目的地，同样也要保障自身安全。因此铁路客运职工要按照铁路各部门制定的各项安全规章制度进行操作。

一、铁路客运职工人身安全标准

（1）按规定时间到段集体出退勤（包括折返站），出退勤时集体列队，听取派班员传达命令、指示和安全注意事项。

（2）出退勤（包括折返站）由列车长按规定线路集体带队到达接车地点，横越路线时必须指定专人防护。

（3）严格落实列车长、安全员车内巡视制度，发现违反劳动安全问题及时给予纠正。

（4）接车（包括中途接班）时，必须详细检查车梯、车门、脚踏板等设备安全状态。列车前后端门须加锁、设置防护栏并捆绑牢固。发现设备异状立即向列车长汇报并及时处理。

（5）车门口通道处、车梯、直门、风挡连接处应保持清洁干燥畅通，有积水、积雪、冰冻、障碍物时，应及时处理，冬季地面、通道的积雪积水不易清除时，应采取防滑措施。

（6）严禁用水冲刷车厢地板、风挡连接处、车内电气设备。

（7）列车运行中不得将手脚放在门框和风挡连接处，关闭车门、直门、厕所门应执行"一回头、二看、三关"制度，防止挤伤。

（8）上下车门要紧抓扶手，先行确认落脚地点，防止踩空。高站台车门作业不得在两车连接处立岗，放置车门踏板时要站稳抓牢，随时注意列车起动。夜间无照明或天气不良下车时要确认落脚点无障碍，登车时前后呼号，安全登车。

（9）遇有雨雪天气在高站台作业前，先行确认立岗处所安全条件，防止滑倒坠落。

（10）在高站台车站开启车门后，要确认翻版是否卡牢，防止翻版弹起打伤。下车时注意脚下，防止踏入站台与车体之间的缝隙内。

（11）旅客行李物品掉下高站台时，应通知车站值班员使用专用工具取出，严禁跳下站台。

（12）不准在列车背面上下车。不准从窗口上下车。遇列车不靠站台上下车时，应注意道旁障碍物和邻线机车车辆动态，旅客上下完了立即登车。

（13）遇有背面作业时，列车长必须指派专人监护，作业人员要认真执行"一看、二下、三瞭望"制度，并注意来往车辆与脚下杂物。无监护不准背面作业。

（14）运行中整理行李架或整理上铺卧具时，必须站稳抓牢，随时警惕列车运行中发生的制动、晃动。

（15）取送开水时，水桶（壶）应有相应的防烫、防溢措施。给旅客送水时，要站稳接杯、不倒满。

（16）遵守作息时间，休班时要充分休息，不准在宿营车谈笑、喧哗，影响他人休息。

二、上班前、工作中、下班前安全要求

（1）认真贯彻"安全第一，预防为主"的方针，工作中必须严格遵守各项规章制度、劳动纪律和安全作业标准，搞好劳动安全联防互控工作。

（2）定期参加业务知识和技术安全教育。新上岗、转岗、提职职工必须进行三级安全教育，经培训考试合格后方可上岗单独作业，持证上岗。

（3）班前点名会、列车乘务出乘会要根据气候条件、设备状态、作业方法、作业范围、环境因素等情况，充分开展劳动安全预想、辨识危害并提出相应的安全防范措施。

（4）班前充分休息，保持精力充沛。严禁在接班前和待勤（包括折返站待勤）中饮酒。列车乘务组全体人员应在餐车集中就餐。

（5）班中按规定着装，穿戴防护用品。不赤足穿鞋，不穿尖头鞋、钉子鞋、拖鞋、高跟鞋。禁止佩戴妨碍视觉、听觉的色镜、帽子。

（6）严格执行当班"五不准"：不准打盹睡觉、不准脱岗、不准喝酒、不准打牌下棋、不准做与工作无关的事情。

三、铁路客运职工站场作业安全要求

为保证铁路客运职工的自身安全，在站内、库内、车内或线路上作业、行走时，应严格执行"五不准"、"五严禁"、"三禁止"制度。

1. 站场作业安全要求"五不准"制度

（1）顺线路行走时应走路肩，不准走道心、枕木头。

（2）不准脚踏轨面、道岔拉杆和尖轨尖端行走。

（3）不准在钢轨上、车底下、枕木道心内坐卧滞留。

（4）不准倚靠车边、车端休息，不准在站台、车下沿车奔跑。

（5）上下机车、车辆时，要握紧扶手，不准跳上跳下。下车时要注意地面落脚处有无障碍或坑洼，并注意邻线机车车辆动态。

2. "五严禁"的相关要求

（1）严禁钻爬车底、跨越道沟。通过线路时应走天桥、地道。无天桥、地道时应走平交道，严格执行"一停、二看、三通过"制度。

（2）严禁在运行中的机车、车辆前面抢越。横越停有机车、车辆的线路时，先确认

机车、车辆暂不移动，然后在该机车、车辆较远处通过。

（3）严禁在列车、车列、车辆运行或移动中飞乘飞降、以车代步。

（4）严禁列车运行中开启车门。

（5）严禁自行车、摩托车等非作业车辆进入站内和客整场股道间。

3. 带电的接触网下"三禁止"

（1）攀登到车顶上，或在车顶上进行任何作业（如查看烟筒帽等）。

（2）使用胶皮软管冲刷车辆上部。

（3）给列车给水时，水管朝接触网的方向喷射。

四、其他安全相关要求

1. 列车乘务人员应使用紧急制动阀（紧急制动装置）停车的情形

（1）车辆燃轴或主要部件损坏；

（2）列车发生火灾；

（3）有人从列车上坠落或线路内有人死伤；

（4）其他危及行车和人身安全必须紧急停车时。

2. 紧急制动阀的使用方法

一旦遇到紧急事故，作为列车乘务人员应掌握紧急制动阀的使用方法。

（1）制动阀的操作　使用车辆紧急制动阀时，不必先行破封，立即将阀手把向全开位置拉动，直到全开为止，不得停顿或关闭。遇弹簧手把时，在列车完全停车以前不得松手。在长大下坡道上必须先看制动主管压力表，如压力表指针已由定压下降 100kPa 时，不得再行使用紧急制动阀（遇折角塞门关闭时除外）。

（2）普通列车人力制动机的位置及使用方法

位置：车厢一位端风挡处。

使用方法：双手抓住人力制动机把手，用力向外拉，使制动机挂住车下的制动铁链，按照人力制动机所指方向（顺时针）转动，直到列车完全停止。故障排除后，听到二短声鸣笛，逆时针转动人力制动机，恢复原位。

第六模块

行包运输
——一诺千金　欲速必达

Chapter 6

学习目标

通过本章学习，要求学习者了解行包托运（行包房）办理流程；熟悉行李、包裹的范围；掌握旅客携带品的相关规定；理解行李包裹中不得夹带的物品等方面的规定。

【引言】行包运输一直是世界各国铁路经营的业务。近年来，各国铁路采取了不同的改革措施，如实行集中化、集装化运输，将零担货物与行包合并运输，成立独立的行包运输系统，开行行包邮政列车等多种运输方式来发展行包运输。

第一节　行李、包裹范围

中国铁路为了更好地为人民服务，强调对行李、包裹运输，承运人应采取取送货上门、多式联运、快运等多种方式，以满足托运人不同的需求。在运输中，要求行李随旅客所乘列车装运或提前装运；包裹尽量以直达列车或中转次数少的列车装运，以缩短运输时间。对抢险救灾物资、急救药品、零星支农物资更要优先安排装运。

一、行李范围

行李是指旅客自用的被褥、衣服、个人阅读的书籍、残疾人车和其他旅行必需品。行李中不得夹带货币、证券、珍贵文物、金银珠宝、档案材料等贵重物品和国家禁止、限制运输物品、危险品。行李每件的最大重量为 50kg。体积以适于装入行李车为限，但最小不得小于 $0.01m^3$。

二、包裹范围

包裹是指适合在旅客列车行李车运输的小件货物。包裹分为四类见表 6-1。

表 6-1 包裹分类

序号	托运品品类	托运品品名
1	一类包裹	自发刊日起 5 日以内的报纸；中央、省级政府宣传用非卖品；新闻图片和中、小学生课本
2	二类包裹	抢险救灾物资，书刊，鲜或冻的鱼介类、肉、蛋、奶类、果蔬类
3	三类包裹	不属于一、二、四类包裹的物品
4	四类包裹	(1) 一级运输包装的放射性同位素、油样箱、摩托车； (2) 泡沫塑料及其制品； (3) 国务院铁路主管部门指定的其他需要特殊运输条件的物品

包裹每件体积、重量与行李相同。单件重量超过 50kg，视为超重包裹。

第二节　行李包裹的托运与承运

一、行李、包裹的包装

行李、包裹的包装必须完整牢固，适合运输。其包装的材料和方法应符合国家和运输行业规定的包装标准。

二、行李、包裹上的货签

行李、包裹每件的两端应各有一个铁路货签。货签上的内容应清楚、准确，并与托运单上相应的内容一致。

托运易碎品、流质物品或一级运输包装的放射性同位素时，应在包装表面明显处贴上"小心轻放""向上""一级放射性物品"等相应的安全标志。

三、行李包裹的运价

行李包裹重量以 kg（千克）为单位，不足 1kg 按 1kg 计算；行李的起码运价里程为 20km；普通包裹的起码运价里程为 100km；起码计费重量为 5kg，每张行李、包裹票的起码运费为 1 元。

四、行李托运

旅客可凭客票办理一次行李托运。托运的行李在 50kg 以内，按行李运价计算，超过 50kg 时（行李中有残疾人用车时为 75kg），对超过部分按行李运价加倍计算。

五、行包保价运输

行李、包裹分为保价运输和不保价运输，托运人可选择其中一种。按保价运输时，可分件声明价格，也可按一批全部件数声明价格。按一批办理时，不得只保其中一部分。一段按行李、一段按包裹托运时，全程按行李核收保价费。保价的行李、包裹发生运输变更时，保价费不补不退。因承运人责任造成取消托运时，保价费全部退还。行李保价费按声明价格的 0.5％、包裹保价费按声明价格的 1％计算。

六、行李包裹运到期限

以运价里程计算，从承运日起，行李 600km 以内为三日，超过 600km 时，每增加 600km 增加一日，不足 600km 按一日计算。包裹 400km 以内为三日，超过 400km 时，每增加 400km 增加一日，不足 400km 按一日计算。由于不可抗力等非承运人责任发生的停留时间加在运到期限内。

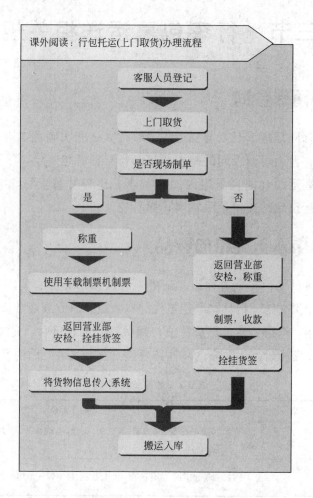

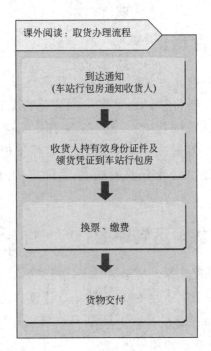

第三节　行李包裹运送相关规定

一、铁路行包运输合同

铁路行包运输合同是指承运人与托运人、收货人之间明确行李、包裹运输权利义务关系的协议。行李、包裹运输合同的基本凭证是行李票、包裹票。

铁路行李、包裹运输合同自承运人接收行李、包裹并填发行李票、包裹票时起成立，到行李、包裹运至到站交付给收货人止履行完毕。

二、行李包裹中不得夹带的物品

货币：含各币种的纸币和金属辅币；证券：含股票、彩券、国库券及具有支付、清偿功能的票据等；珍贵文物：指具有一定年代的有收藏、研究或观赏价值的物品；档案材料：人事、技术档案，组织关系，户口簿或户籍关系，各种证件、证书、合同、契约等；危险品：指国务院铁路主管部门公布的《铁路危险货物品名表》内的品名（表6-2）。

表6-2　危险品类别

序号	危险品类别	常见危险品
第一类	爆炸品类	雷管、传爆助爆管、导爆索、导火索、火帽、引信炸药、烟火制品(礼花、鞭炮、摔炮、拉炮等)、点火绳、发令纸
第二类	压缩气体和液化气体类	甲烷、乙烷、(压缩、液化的)丙烷、打火机、微型煤气炉用贮气罐、气体杀虫剂

续表

序号	危险品类别	常见危险品
第三类	易燃液体类	汽油、酒精、去光水、引擎开导液、鸡眼水、皮鞋水、打字蜡纸改正液、强力胶、汽车门窗胶、橡胶水、脱漆剂、环氧树脂、油漆、皮革光亮剂、显影液、印刷油墨、煤油、樟脑油、松节油、松香水、擦铜水、纽扣磨光剂、油画上光油、刹车油、防冻水、柴油
第四类	易燃固体类	红磷、硫黄、火补胶
第五类	自燃物品类	黄磷、油布
第六类	遇湿易燃物品类	金属钠、镁铝粉
第七类	氧化剂和有机过氧化物类	过氧化氢(双氧水)、硝酸铵、氯酸钾
第八类	毒害品类	氯化物、砷、赛力散、灭鼠安(含各类鼠药)、敌百虫等杀虫剂,灭草松、敌稗等灭草剂
第九类	放射性物品类	夜光粉、发光剂、放射性同位素
第十类	腐蚀品类	硝酸、硫酸、盐酸、苛性钠

三、不能按包裹运输的物品

（1）尸体、尸骨、骨灰、灵柩及易于污染、损坏车辆的物品；

（2）蛇、猛兽和每头超过 20kg 的活动物（警犬和运输命令指定运输的动物除外）；

（3）国务院及国务院铁路主管部门颁发的有关危险品管理规定中规定的危险品、弹药以及承运人不明性质的化工产品；

（4）国家禁止运输的物品和不适于装入行李车的物品。

四、托运下列物品时，托运人应提供规定部门签发的运输证明

（1）金银珠宝、珍贵文物、货币、证券、枪支；

（2）警犬和国家法律保护的动物；

（3）省级以上政府宣传用非卖品；

（4）国家有关部门规定的免检物品；

（5）国家限制运输的物品；

（6）承运人认为应提供证明的其他物品。托运动、植物时应有动、植物检疫部门的检疫证明。托运放射性物品、油样箱时，应按照国务院铁路主管部门的规定提出剂量证明书、油样箱使用证。

五、行李包裹到达保管

行李从运到日起、包裹从发出通知日起，承运人免费保管 3 天，逾期到达的行李包裹免费保管 10 天。因事故或不可抗力等原因而延长车票有效期的行李按车票延长日数增加免费保管日数。超过免费保管期限时，按日核收保管费。

110

课外阅读

禁运品查询

序号	禁运品类别	常见禁运品
第一类	爆炸品	烟花、鞭炮、摄影用闪光弹、发令纸、摄影用闪光粉、射钉枪子弹、爆炸式铆钉、子弹、炮弹、雷管、手榴弹、炸药、火药
第二类	气体	氢气球、发胶、摩丝、气体杀虫剂、空气清新剂、碧丽珠、压缩气体的喷雾罐、打火机、充气罐、灭火器、液化气体、冷气罐、高压气瓶、氧气瓶、液化气罐
第三类	易燃液体	胶黏剂、汽油、柴油、石油制品、皮革光亮剂、皮革光滑剂、纽扣磨光剂、香精、香料、香水、指甲油、洗甲水、去光水、印刷油墨、记号笔墨水、氧化锌静电复印油墨、塑料油墨、影印油墨、传真纸胶黏剂、打字蜡纸改正液、打字机洗字水、脱漆剂、地板油、油漆、涂料、底漆、填料、松香水、油画调色油、油画上光油、汽车防冻水、乙醇、乙醚、汽车门窗胶、汽缸床垫胶、刹车油、染皮鞋水、环氧树脂、有机硅树脂、酒精饮料、皮肤防护膜、鸡眼水、松节油、松香油、牙托水、癣药水、照相用显影液、照相用红碘水、碘酒、镜头水、照相用清除液、涂底液、修像(相)油、贴胡膠、发动机冷起动液、引擎开导剂、电子数码管石墨乳、塑料印油、塑料薄膜油墨、电子束光刻胶、快干助焊剂、擦铜水、淡金水、发光油、鱼鳞光、FT—901堵固剂、聚氨酯化学灌浆料、乳香油、阳离子表面活性洗涤剂、尼龙丝网感光浆、二硫化钼润滑膜、桉叶油、氢化可的松涂膜剂、硫汞白癜风搽药、医用羊肠线、着色渗透剂、荧光探伤液、半干型防锈油、薄层防锈油、不饱和聚酯树脂、三聚氰胺树脂、无油醇酸树脂、硅钢片树脂
第四类	易燃固体、易于自燃的物质、遇水放出易燃气体的物质	固体酒精、锂电池、胶片、火补胶、铝银粉、蚊香料、木炭粉、安全火柴、冰片、塑料粒、湿棉花、干棉花、油布、油绸及其制品、樟脑、硅粉、易燃金属、生松香、废橡胶、拷纱、油麻丝、硝化棉、保险粉、碳
第五类	氧化性物质和有机过氧化物	双氧水、过氧乙酸、高锰酸钾、漂白粉、面粉、增白剂、皮革鞣制剂、肉制品着色剂、化肥、土荆芥油
第六类	毒性物质和感染性物质	照相显影剂、生漆、大漆、服装干洗剂、消毒剂、一氧化铅、马钱子碱、烟碱、铅汞合金、砒霜、锌汞合金、镀铜镀锌药水、粮库蒸熏剂、煤焦沥青、农药、除草剂
第七类	放射性物质	夜光粉、发光剂、放射性同位素
第八类	腐蚀性物质	蓄电池、酸铅蓄电池、甲醛溶液、汞、无机液体胶黏剂、强酸、强碱、石灰
第九类	杂项危险物质和物品	石棉、蓖麻籽、蓖麻粉、化学品箱、急救箱
第十类	违禁品	非法出版书籍、非法音像制品、管制刀具、枪械、无准运证香烟(3条及以上)、无运输证明麻醉类药品、毒品、猛兽、超过20kg活动物、尸体、骨灰

第七模块

Chapter 7

列车长工作
——旅客至上 服务主动

🖊学习目标

通过本章学习，要求学习者了解列车长的条件和素质，开阔自己的专业视野；熟悉列车长的客运业务；理解与掌握列车班组管理，提高自己的专业内涵。

【引言】列车长是旅客列车的行政负责人，是直接为旅客服务的组织者和指挥者。列车长对内代表组织，对旅客代表铁路，必须具有高度的工作责任感和强烈的事业心，热爱本职工作，牢固树立全心全意为人民服务的思想，努力学习政治、业务知识，不断提高自身素质，严格执行各项规章制度，以身作则，做好表率。

第一节　列车长的条件和素质

你知道吗？

1. 列车长应具备的基本条件有哪些？
2. 列车长的基本职责有哪些？

列车长的任务，就是领导全组乘务人员妥善照顾好旅客上下车、乘坐和休息，保证旅客生命财产的安全，保持列车清洁、卫生，创造良好舒适的旅行环境，为旅客提供必要的物质文化服务。

一、列车长应具备的基本条件

（1）具备高中以上文化程度，身体健康，五官端正。

（2）从事列车乘务工作实际时间满两年及以上，熟悉旅客列车其他工种业务。

（3）精通客运业务，能迅速鉴别和确认各种票据，迅速查找运价里程，正确计算票价、填写各种票据、编制客运记录和拍发铁路电报。

（4）正确执行各种规章制度，有较强的组织协调和班组管理能力，督促检查各种工作岗位责任制，善于总结工作经验，提高服务质量。

（5）熟悉客车给水、照明、防暑、取暖、消防等设备，会操作。

（6）正确解答旅客的问询，迅速妥善处理旅客意外伤害、急病、中暑、中毒、死亡等突发事件，列车发生意外事故后能对旅客和行包做出妥善处理。

（7）动车组列车长须经铁路局组织的动车组设备使用培训，熟悉动车组车厢内全部服务设施的操作和设备操作注意事项，并考核合格，持《铁路岗位培训合格证书》上岗。

二、列车长岗位职责

（1）遵守国家法令和规章制度，按照列车长的岗位标准和要求，领导乘务人员良好地完成旅客和行包输送任务。

（2）严格执行安全制度，经常进行安全教育和群众性的查思想、查制度、查领导、查纪律的"四查"活动，确保旅客、行包和国家财产的安全。

（3）坚持人民铁路为人民的宗旨，组织乘务员做好列车服务、广播宣传、饮食供应和整容卫生工作。认真听取并及时正确处理旅客意见。遇铁道部、铁路局客运领导检查工作时，主动汇报，接受领导。有外宾或者首长乘车时，要热情接待，妥善安排。遇有情况，请示报告。

（4）根据上级命令指示，及时修改规章，组织乘务员练好基本功；按规定查验车票，正确填写票据、报表，妥善保管票款，掌握客流、行包运输规律，做好客运计划工作。

（5）加强班组管理，认真组织劳动竞赛，及时总结、推广先进经验，密切站车协作，处理好列车各乘务组和人员之间的关系。

（6）正确行使列车长的职责，坚持群众路线，关心群众生活，注意工作方法，发现问题正确处理。同时，坚持民主管理的原则，分配公开、主动征求、虚心听取职工意见，接受群众监督。

（7）根据上级工作要求，制定工作计划，采取有效措施认真组织落实，及时总结汇报。

三、列车长的基本素质

根据列车长的工作性质、特点和作用，要做一名称职的列车长，必须具备以下素质。

1. 政治素质

要求列车长具有坚定的政治方向，坚决执行党和国家的有关政策、法令和规章制度，具备良好的职业道德，作风正派，勇于开展批评和自我批评。

2. 文化素质

要求具有高中以上文化程度，能积极学习，胜任各种文字、核算工作的需要；有一定的口头表达能力和较强的逻辑思维能力；知识面宽。

3. 业务素质

要求精通与本职有关的客运规章和行包运输知识，在各种技术考试中成绩优秀；有一定的技术基础和资历。根据铁道部客运管理处的要求，列车长要精通三大业务（即餐营、行包、主要列车员的工作），因此，业务素质是当列车长的必要条件。

4. 管理素质

要求具有一定的组织能力，工作中善于抓重点、抓关键；善于运用科学的管理手段，进行全方位的有效管理；善于协调人际关系；勤于思考、分析，处事稳妥、慎重，避免单一思维、主观武断，善于总结经验教训。

5. 行为素质

要求列车长过好"四关"，即权利关、金钱关、人情关、用人关。列车长的职位包括班组人员的调动权、空余铺位的支配权、奖金分配权等，一定要树立公仆思想，发扬民主，反对独断专横。金钱是商品经济的产物，要反对"一切向钱看"，我们讲经济效益更要讲党性、讲原则，不唯金钱。一切工作都离不开人，人又是有感情的。因此，要处理好人情关，必须坚持原则第一、人情第二，站在党性的立场来衡量和处理各种人际问题、用人问题。

课外阅读

点滴小事映衬出"最美列车长"

中国经济网青岛 11 月 3 日讯(记者刘成、通讯员姜兆蓓) 在济南铁路局党委开展的"讲身边事、赞身边人，寻找最美班组长"活动中，青岛客运段成都车队的列车长用道德、责任和急旅客所急的拾金不昧精神诠释了"最美"的含义。一个个意想不到的电话打给失主，一幕幕难忘的旅行在青岛客运段成都车队值乘列车上屡屡上演。

镜头一：大意旅客车上遗失千元现金，细心车长设法如数归还。11 月 3 日，青岛客运段成都车队接到旅客打来的电话，感谢青成七组工作人员拾金不昧，全心全意为旅客服务的精神。

镜头二：警官经历的一次最难忘的旅行。青岛莱西市公安局民警刘启杰在执行任务乘坐昆明至成都的 K1140 次列车时不慎遗落了警察证，上了成都至青岛的 K206 次列车后才发现。刘警官情急之下找到 K206 次列车侯继荣车长，侯车长立刻通过成都客运段派班室与 K1140 次列车的列车长取得联系。最终，警察证物归原主。

第二节　列车长作业标准

列车长乘务工作内容包括哪些内容？

列车长作为列车的集中代表，社会接触面最广，总是在第一时间出现在这个"窗口"，他们身上能够体现铁路企业的整体经营思想、管理水平、服务水平和队伍素质，也往往代表着铁路企业对外形象，负有维护铁路形象的第一责任。因此，只有发挥列车长在班组管理中的核心作用，加强列车长的执行力，才能充分发挥全班组人员的主观能动性和生产积极性，团结协作，合理地组织人力、物力，充分地利用各方面信息，使班组生产均衡有效地进行。列车长工作流程如表7-1所示。

表7-1　列车长工作流程

程序	项目	作业内容	质量要求
一、始发站准备作业	1. 出乘准备	(1)按规定时间提前到段接受任务 ① 向乘务科、车队请示工作，接受任务； ② 到收入科请领票据、IC卡； ③ 填写乘务报告； ④ 到派班室摘抄命令指示，了解列车编组、重点旅客运输及班组人员情况 (2)准时到指定地点列队点名，检查仪容、着装，听取有关命令、电报、业务事项传达，接受业务提问 (3)布置趟计划，提出工作重点和具体目标 (4)组织各项备品设备设施的请领补充 (5)检查列车上料、上水情况	着装统一，标志齐全，精神饱满，仪容整洁，列队整齐；命令、电报摘抄齐全，字迹清楚；布置计划重点突出，措施具体，做到人人清楚 备品齐全，设施、设备良好，餐料、燃料充足
	2. 接受列车	(1)组织乘务员与列车保洁人员办理交接，接收列车 (2)到各车厢检查，了解安全、服务设施设备情况 (3)组织各车厢卫生整备鉴定，与保洁领班进行对口签字交接	列队整齐，乘务包统一，交接准确； 按标准鉴定验收，质量达标签收
二、始发站准备作业	库内车容整备	(1)检查各工种作业准备工作情况 (2)审批广播计划和餐车预制计划 (3)检查开水准备情况(直供电车除外) (4)检查各车厢按规定悬挂摆放各种备品、卧具、车容整理情况 (5)整理办公席规章、台账、资料票据及办公用具 (6)组织做好"三乘"联检工作，检查餐车设备及油垢清理情况并签认(直供电车不晚于开车后2h) (7)检查行李车装车准备情况 (8)出库前检查列车边门、厕所门锁闭情况	分工明确，联劳协作，规章、台账、资料票据齐全完整，卫生达列车等级标准，卧具整齐统一，备品定位隐蔽，车容全列一致，"两炉一灶"状态良好；开水充足；"三乘"联检落实有记录；饭菜预制计划、广播计划审批有签字

续表

程序	项目	作业内容	质量要求
三、始发作业	1. 放客准备	(1)与车站联系,了解有关事项 (2)根据车站旅客放行时间,督促广播员通知乘务人员到岗到位 (3)检查各车厢边门立岗、高站台安全渡板放置、警示带悬挂情况	人员到岗到位,站立统一,活动顺号牌悬挂一致,渡板放置到位,警示带悬挂到位,立岗姿势端正规范
	2. 组织旅客上车	(1)列车长按具体分工双班作业,组织引导旅客乘车,了解行包装车、交接情况 (2)检查乘务员验票上车、查堵危险品、帮助重点旅客上车、组织旅客有序乘车情况 (3)做好重点旅客的接待安排 (4)妥善处理临时发生的问题	分工明确,职责落实,态度和蔼;重点旅客安排落实,验票认真,乘车秩序良好;行包交接清楚,处理突发问题及时妥当
	3. 站车交接	(1)接收乘车人数通知单,接受站方传达有关命令、指示、通知 (2)办理客车上水签认工作 (3)交接旅客上车中的其他事宜	在列车中部办理交接,交接内容清楚,有记录、有签收
四、中途作业	1. 始发开车检查	(1)检查各岗位作业标准的落实情况 (2)召开"三乘"会议,与乘警长、检车长及时沟通情况,提出要求	检查全面,沟通及时,发现问题整改到位 会议定期定时召开,内容具体,记录翔实
	2. 途中业务处理	(1)接待安排重点旅客 (2)核对卧铺使用情况,办理剩余卧铺 (3)及时填写旅客列车密度表;列车到站,下车办理交接,上水站进行检查签认,联系站车交办事项 (4)接待旅客来访,受理旅客投诉,签署旅客留言簿 (5)组织查验车票,办理补票业务,处理有关事宜 (6)按规定及时拍发电报或编制客运记录,移交旅客、物品及"危险品" (7)加强列车售货管理,劝阻、制止商贩随车叫卖 (8)组织开餐(旅客及乘务餐) (9)遇首长及上级主管乘车或检查,做好接待及汇报工作	重点旅客服务落实;剩余卧铺公开发售;密度表填写准确,站车交接及时,交接事项清楚,记录签收认真 接待旅客热情,解答询问耐心,处理问题稳妥,审批意见及时;按规定查验车票,清理卧铺;票据填写清楚正确;编制记录和拍发电报准确及时、内容简练、符合要求;餐车供应质价相符,保证重点,秩序良好;接待汇报得体大方、重点突出
	3. 巡视车厢	(1)巡视检查各岗位作业标准、各项安全制度的落实情况及"二炉一灶一电"运用状况,并在列车巡视检查记录进行记载 (2)检查各车厢乘务员仪容着装和文明服务情况 (3)检查车容卫生、车厢秩序、开水供应情况 (4)检查广播作业及行邮装载情况 (5)检查餐车供应、商品供应、饭菜质量和价格情况 (6)检查旅客密度、车内温度,组织均衡运输 (7)检查交接班卫生及备品定位、资料填写、重点旅客交接情况	巡视检查到位,记录填写真实;到站停车交接、问题处理及时;服务项目落实,重点照顾到位;均衡疏导旅客,行邮装载良好,车内秩序井然;上水站上水签认,开水供应充足;饭菜供应良好,商品销售正常;温度适宜,卫生随脏随扫;作业质量达标
	4. 卧铺管理	(1)按规定安排宿营车铺位 (2)按章办理卧铺,夜间卧铺熄灯前核对卧铺 (3)夜间巡视检查卧铺列车员按规定值岗,有无闲杂人员乘坐	宿营车定人定铺;核对卧铺准确;卧铺车列车员按规定值岗,午间、夜间停止会客

续表

程序	项目	作业内容	质量要求
五、折返站作业	1. 到站准备	(1)组织全体乘务人员按作业程序,做好折返站终到卫生 (2)审核票据,清点票款,签署旅客留言簿	卫生达到无污水、无粪便,垃圾装袋扎口到站定点投放;账款相符、入柜及时
	2. 组织旅客下车	(1)列车长双班作业,分工组织旅客下车 (2)检查各车厢乘务员立岗、扶老携幼、组织旅客下车情况 (3)巡视全列车厢,发现问题及时处理	旅客下车有序,车门立岗整齐,扶老携幼落实,车厢巡视到位
	3. 站车交接	(1)交办重点旅客 (2)移交旅客遗失物品 (3)交接有关旅客旅行其他事宜	交接清楚,手续齐全
	4. 停留作业	(1)督促餐车班做好返乘补料和饮食供应准备工作 (2)组织乘务员与列车保洁人员办理交接,进行卫生鉴定 (3)安排守车相关工作,组织乘务员到公寓休息 (4)组织乘务员列队接车整备,按质量标准做好始发容态、备品整理 (5)组织做好"三乘"联检工作,检查餐车设备及油垢清理情况并签认(直供电车不晚于开车后2h) (6)召开会议,总结单程乘务工作,布置返乘工作要求	车容整洁、备品定位、卫生达标、守车制度落实;工作布置清晰,重点突出;"三乘"联检落实有记录
六、终到作业	终到退乘	(1)与接班组(守车组)列车长办理交接;与保洁领班进行签字交接 (2)在指定地点集合列队,总结本趟乘务工作 (3)回段向派班室(值班室)汇报乘务工作和提交乘务报告 (4)按规定及时交款	交接认真有记录,总结全面具体,汇报及时,账款相符,台账填写准确,上报资料齐全

第三节　列车班组管理

你知道吗?

　　1. 列车班组长的日常工作的基本规律是什么?

　　2. 什么是宿营车?

　　班组是企业最基本的单位,也是企业安全管理的最终落脚点,班组安全建设的好坏直接影响着企业的经营工作。我们只有在日常工作中切实加强班组安全建设,才能为职工创造一个良好的工作环境,激发他们的工作积极性和创造性。

　　班组长自身素质的高低直接影响班组的安全管理,这就要求班组长必须要有高度的事业心和责任感,既要精技术、通安全、熟管理,又要有一套灵活的工作方法。作为班组安全的第一责任人,班组长平时不仅要注意学习安全知识,宣传安全生产的重要性,而且还要带头严格执行安全工作的各项规章制度，只有这样才能被班组员工所尊重、信任。

一、班组长的职责、权限

1. 班组长的职责

（1）严格自律，领导班组成员严格执行各项规章制度，遵守劳动纪律和作业规程，落实岗位责任制和经济责任制，确保现场作业安全、有序、可控，实现安全、文明生产。

（2）组织班组成员按定额进行生产，安全优质地完成各项生产任务，提高劳动生产率和经济效益。

（3）组织班组开展政治、技术、业务学习，自制、自控、耐心细致地做好班组成员的思想政治工作。

（4）实行民主管理，建立健全班组民主管理制度，组织开展劳动竞赛和合理化建议活动，推广先进生产方法和经验。

（5）抓好班组管理的基础工作，按照准确、及时、简便、实用的原则，建立健全生产管理资料和台账，深化自控型班组的创建工作，开展自控型班组的自查、自评和标准化岗位的考核工作，主持召开班组的生产、安全和交接班等会议。

2. 班组长的权限

班组长的权限，是指在实际工作中拥有的管理权力范围。

（1）指挥管理权 主要体现在：有权安排计划、分解指标；有权布置工作、分配任务；有权调度生产；有权内部协调、发出指令。

（2）劳动组织调配权 主要体现在：有权对班组内部的劳动进行优化组合；有权批准权限范围内的假期，安排顶班调休；有权执行劳动纪律，维护生产正常秩序。

（3）完善制度权 班组长有权根据本单位的规章制度，紧密结合本班组的实际情况，制订班组工作的实施细则。

（4）拒绝违章指挥和停止违章作业权 班组长对违章指挥，有权依据国家的法规、政府有关部门的规定以及企业的有关规章提出意见，直至拒绝。

（5）举荐权 班组长有权根据职工的德、能、勤、绩，向企业举荐人才。推荐本班组优秀职工深造、晋级或提拔到合适的岗位。

二、列车客运班组管理方法

旅客列车的各项工作主要是乘务组完成的，列车管理的实质就是班组管理。根据列车流动性大、各工种独立作业、客流多变、远离领导、设备有限的特点，乘务组应有严格的纪律要求，建立各种组织，完善管理制度，经常不断地抓好思想教育和业务学习。这是做好客运服务工作的基础。

1. 建立各种组织

（1）党支部或党小组　主要是做好上传下达，贯彻落实党的路线、方针、政策以及上级指示、会议精神，抓好时事政治学习和思想教育工作。

（2）工会支会或工会小组　在上级工会和党支部的领导下，协助列车长抓好职代会、评先、职工福利等工作。

（3）团支部或团小组　在上级团组织和党支部的领导下，协助列车长做好团员青年的思想教育，发挥青年团员的突击作用。

（4）治保小组　在客运段保卫科和党支部的领导下，搞好列车治安保卫工作。

此外，可以根据实际情况建立其他组织，如民主管理小组、安全检查小组、义务消防小组、质量管理小组等，共同抓好列车各项工作。

2. 健全管理制度

（1）各工种岗位责任制　按铁道部公布的标准执行。

（2）安全生产制度　分别制定列车各客车、行李车、餐车厨房、锅炉间、广播室等安全作业制度。

（3）备品管理制度　指定专人负责各种备品的请领、保管、发放及发生损坏的处理。

（4）看车及交接班制度　明确库内看车的任务、纪律、职责、交接班注意事项及库内发生其他问题的处理。

（5）学习、会议制度　规定政治学习和业务学习时间、内容，召开出乘、退乘会，布置出乘工作，总结往返出乘的成绩和不足。

（6）资料、台账制度　乘务日志、卫生检定记录、事故及事故苗子记录、遗失物品记录、查危登记簿、劳动竞赛记录、命令指示摘抄等应齐全、有记录。

（7）旅客意见处理制度　规定对旅客意见的处理、答复，典型内容的归纳、分析，并指定专人负责。

此外，还可以建立健全财务管理、饮食供应、广播宣传、路风管理、计划运输、接待汇报等制度，完善列车全面管理。

课外阅读

铁道部授予宝成线坠江列车乘务组荣誉称号

2010年8月24日，铁道部召开抗洪抢险勇救旅客先进集体、先进个人命名表彰大会，表彰K165次旅客列车抗洪抢险勇救旅客的先进集体及先进个人。

8月19日15时15分，西安开往昆明的K165次旅客列车运行至宝成线德阳至广汉间，洪水致使石亭江大桥5、6号桥墩倒塌，7号桥墩倾斜，造成列车机后5~17位车辆脱线，1318 名旅客的生命财产安全受到严重威胁。危急时刻，K165 次列车司机果断采取紧急制动措施，在最短的时间内将列车停稳；K165 次列车乘务组临危不乱，迅速组织旅客撤离，短短 15min 时间把所有旅客转移到安全地带。

列车 15、16 号车厢随即坠入江中。旅客和铁路职工无一人伤亡，创造了抢险救援的奇迹。会上，铁道部授予西安铁路局西安客运段 K165 次列车第二乘务组"抗洪抢险勇救旅客英雄列车"荣誉称号。给予记大功一次，同时授予火车头奖杯。

三、列车重点车厢管理

1. 宿营车管理

宿营车是旅客列车乘务员休息的场所，其首要功能是满足旅客列车"三乘"人员休息需要，任何部门和个人未经上级主管部门同意，不得将铺位占用或挪作其他用途。

（1）宿营车铺位安排权限　在宿营车铺位的安排上，宿营车铺位由列车长统一安排，"三乘"人员必须服从列车长和宿营车列车员的管理及对铺位的安排。未经列车长同意，任何人不准擅自安排铺位。遇有公安、车辆部门人员添乘检查时，其铺位由公安乘警长、检车乘务长归口统一向列车长申报安排，列车长应做到一视同仁，妥善安排。

（2）宿营车铺位安排方法　根据铁道部规定，宿营车乘务员休息铺位安排实行"日勤制一人一铺，轮班制二人一铺"的分配原则，尽量男、女乘务员档位、铺位分开；遇有特殊情况增减乘务人员时，列车长应及时调整铺位，妥善安排。

乘务员铺位安排必须集中在宿营车一端，必须上、中、下铺满员安排；暑假非空调宿营车上铺不使用；客运乘务员上、中、下铺铺位应定期轮换，原则上每月一次，由列车长统一安排。

（3）宿营车的日常管理

① 宿营车与旅客乘坐的车厢端门玻璃上应剪贴"宿营车"字样，旅客铺位与乘务员铺位间应悬挂有"静"字的布帘隔离，在醒目位置公布"宿营车管理制度（摘要）"。

② 各次旅客列车宿营车实行宿营车定位卡制度，如实反映乘务员铺位和剩余卧铺使用情况。

③ 为保证乘务人员充分休息，宿营车"三乘"人员休息铺位不允许出售，隔离布帘内严禁安排非"三乘"人员，隔离布帘外第一档不准发售给旅客，但准许安排添乘检查人员。

④ 对安排进宿营车的旅客，需在进入宿营车前（特殊情况进入宿营车 30min 内）办理好补票或签证手续。宿营车列车员凭车票或列车长开具的"上车补票证"安排剩余铺位，及时换票，告知注意事项，并在宿营车剩余卧铺登记表上做好登记。

⑤ 发售（安排）宿营车铺位时，应按照宿营车车种、席别办理补票手续；非空调宿营车启用空调时，应收取相应的空调费。

⑥ 为保证宿营车安全，宿营车当班列车员不得擅离岗位，点蚊香要有安全装置。非交接班时间宿营车和旅客车厢相连的通过门要锁闭，禁止闲杂人员进入或逗留。

⑦ "三乘"人员、机务便乘人员及在宿营车内值乘的运转车长应自觉维护宿营车秩序，保证车内安静，做到"四轻"，即关门轻、走路轻、说话轻、拿放物品轻；不准在宿营车大声喧哗、打牌娱乐，不准在宿营车内吸烟、饮酒，不准利用宿营车运输、携带危险品及违禁品，不准售货车在宿营车推行，不准将衣物晾挂于通道上。

2. 硬座车管理

（1）各车厢列车员必须严格执行凭票上车制度，认真检验车票，旅客必须凭车票（含铁路乘车证）或"同意乘车补票证"上车，列车乘务人员不得让无票、无证的旅客登乘列车。

（2）无票旅客乘车的，必须先取得列车发放的"同意乘车补票证"。"同意乘车补票证"由列车长负责统一管理，由列车长或办公席列车值班员负责填发，无票旅客在开车后 30min 内，持证到列车办公席补票。

3. 卧铺车管理

（1）卧铺车实行旅客"越席探访卡"。旅客因同行人员为老、幼、病、残、孕等人员，需要越席探访时，应向列车长出示车票、说明情况、提出请求，经列车长核实确认后，填发"越席探访卡"（"旅客越席探访卡"反面印有被探访对象的姓名、车厢号、铺号，允许探访的时间和违规探访的处罚规定等须知）。旅客持探访卡到相关卧铺车厢，所在车厢列车员凭列车长签发的"越席探访卡"和旅客车票，准许该乘客在本节车厢探访。

（2）列车夜间运行及午休时间，硬卧车停止探访会客。

（3）强化车票查验和车厢巡视制度。严格落实铁道部《铁路旅客运输管理规则》第66条规定，列车长、乘警必须全程参加车班查票，列车长每 2h 巡视车厢不应少于 1次，确保无越席乘车和无票乘车情况发生。

（4）强化剩余卧铺发售登记制度。列车上剩余卧铺和其他席别的补票业务，由值班列车长或指定专人在列车办公席，本着既照顾重点又考虑登记顺序的原则，集中公开办理，办理补卧铺业务时，必须填写"剩余卧铺发售登记表"。

（5）严禁列车工作人员代客补票，旅客补票必须由旅客直接找补票员或列车长办理。补票员、列车长在收钱的同时必须为旅客办理补票手续，如收取旅客补票款不及时补票，被检查组检查发现或被旅客举报投诉后才进行补票的，按以票谋私定性处理。

参考文献

［1］ 李军昭．列车乘务员．北京：科学出版社，2014.

［2］ 邓岚，罗斌．旅客列车客运乘务．第 2 版．成都：西南交通大学出版社，2012.

［3］ 蓝志江，郑学良．高速铁路乘务工作实务．北京：北京交通大学出版社，2015.

［4］ 黄刚辉．铁路列车服务实务．北京：高等教育出版社，2013.

［5］ 谢立宏，范先云，孟毅军．动车组列车实务．成都：西南交通大学出版社，2015.

［6］ 王慧晶．铁路客运业务实务．北京：中国铁道出版社，2012.

［7］ 廉国，陈宁，付素明．铁路餐饮服务食品安全管理手册．北京：中国铁道出版社，2013.

［8］ 铁路职工岗位培训教材编审委员会．动车组列车员（长）．北京：中国铁道出版社，2012.

［9］ 刘敬杪，杜五一．客运规章综合理解与应用．北京：中国铁道出版社，2013.

［10］ 郑州铁路局．高速铁路客运．北京：中国铁道出版社，2012.

［11］ 徐行．客户服务礼仪．北京：中国铁道出版社，2010.

［12］ 陈玉．礼仪规范教程．第 2 版．北京：高等教育出版社，2005.